SOLEIL 007

光祥選書ソレイユ 007

中世天皇葬礼史

許されなかった〝死〟

久水俊和
hisamizu toshikazu

戎光祥出版

はしがき

人は、非日常性にドラマを見出す。葬式という出来事は非日常的な現象のひとつといえ、時代や地域によって作法に特色もあり、文芸作品の素材としてこれまで多く用いられてきた。映像の世界においても、見慣れない葬礼の所作などは、視聴者をスクリーンに引き込むには格好の手法である。本書では、社葬をテーマにした作品を序章に用いた。葬式を素材とした映画なら、一家団欒のお茶の間を凍り付かせるシーンがあるものの、十回笑って三回泣いたという宣伝文句の葬式を取り巻く人々をコミカルに描いた作品のほうが有名であろうか。近年では、納棺師《のうかんし》という、日常生活ではあまり関わることがない職業をとりあげた『おくりびと』も、読者にとってはなじみ深いであろう。

映画『おくりびと』は、本書を読む上でも興味深いシーンが多い。納棺は、昔は親族が行なっていたが、今は葬儀屋の下請けが行うという説明がある。下請けである納棺師は実労働がわずかの高給取りの反面、妻からは「恥ずかしい仕事」「穢《けが》らわしい」、旧友からも「普通の仕事じゃない」と偏見をもたれ、極めつけは、参列者が不良少年に対し、不良をやめてまともにならないとこういう仕事に就くことになると述べるなど、明らかに差別の対象となっている。しかし、最終的には人間の最期の旅立ちに携わり遺族から感謝される、納棺師という尊い仕事に理解を深める作りとなっている。

実は、本書のテーマ中世天皇葬礼においても、納棺（本書では史料に従い入棺と表現している）は、中世前期は近臣が行なっていたが、後期には禅律僧《ぜんりつそう》という、顕密《けんみつ》寺院（延暦寺や東大寺といった大寺院）の下請けのような僧が担当している。彼らもれっきとした〝おくりびと〟である。禅律僧は、きらびやかな袈裟《けさ》を纏《まと》う顕密寺院の高僧とは真逆の存在であり、配下の職人たちとともに遺体の処置に携わる。遺体に携わる職人は偏見をもたれる人々だが、免税などさまざまな特権を与えられており、意外なことに、納棺師同様に高給取りでもある。天皇の葬送が中世寺院に丸投げされ、下請けの禅律僧とその配下が死穢《しえ》にまみれて遺体の移送や処置に奔走するその姿は、映画と似ているといえば似ていよう。

ただ、映画ではこぢんまりとした葬式ばかりで大規模な式は出てこず、天皇の葬式と比べるのは、と思うかもしれない。直近の天皇葬である昭和天皇大喪礼《たいそうれい》を思い浮かべると、国をあげて葬る天皇の葬式と一般家庭の「イエ」の葬儀はまったく別のものと思いがちだが、それは誤った認識である。中世の天皇家の葬送も近臣や縁者といった「ミウチ」によって見送られる、ある意味こぢんまりとした「イエ」の葬儀なのである。為政者は薄葬《はくそう》こそ仁政《じんせい》であるとの理想のもと、どうしても「国」の葬儀にならざるをえない「天皇＝神」としての葬儀を避け、「イエ」の葬儀でも許される「上皇＝人」としての葬儀を目指した。たとえ天皇として在位中に崩御しても、その死を認めず、生きている建前で譲位を完結させ、上皇として崩御したという体裁をとったのである。そのため、本書では「許されなかった〝死〟」という副題を用いた。

また、『おくりびと』の主人公の最初の納棺の仕事は、夏に二週間放置された孤独死老人の納棺であり、朽ちた遺体の処置に閉口する場面がある。実は、遺体の朽ち果てることと天皇葬は密接な関係がある。古代の天皇は、肉体が朽ち果てるまで死を認めてもらえないという奇妙な慣習があった。その朽ち果てる様相を確認する儀礼を殯《もがり》という。本書は中世の天皇葬礼をテーマとしながら、古代の天皇葬礼のシンボルともいえる殯について少なからず言及している。詳しくは本文に譲るが、遺体の朽ち果てに関しては、中世においても政治的（次の天皇が決まらない）もしくは経済的（お金がない）状況により、何日も天皇の遺体が安置という名の放置がなされ、痛ましい姿になった事例も数点ある。

そのような苦難を乗り越え、中世天皇葬礼の〝おくりびと〟である近臣・縁者そして僧侶たちは、脈々と継承されていく天皇家葬礼の所作をこなしていったのである。

読者には、ぜひとも映画同様に、中世天皇の旅立ちのお手伝いをする〝中世のおくりびと〟たちにも理解を深めていただきたいと願う。

二〇二〇年二月

久水俊和

序章　中世天皇はどのように葬られたか

天皇葬儀のイメージ

バブル期の頃、「ハタから見れば面白い、中に入ればオソロシイ」とのキャッチフレーズにて、大企業の社葬をテーマにした『社葬』という映画があった。社長の死により、主役が社葬の実行委員長に選ばれ、葬儀を介した後継者争いの泥沼劇を中心に話が展開された。社葬がテーマだけに、所々に葬儀に関するディテールが描かれている。ただし、この映画では描かれていないが、夫人を喪主とした、身内による密葬のようなものも行われていたはずである。現代においては、社葬のような所属組織主催による葬儀と、親族による個人葬の二種に大別できるからである。

本書のテーマである天皇の葬礼も、古代国家の基本法である律令《りつりょう》が制定された頃は、喪儀司《そうぎし》といわれる実行委員のもと、朝廷に従事する職員総出かつ庶民は当然として、蝦夷《えみし》から隼人《はやと》まで参列する、国をあげての国葬ともいえる葬儀を執り行なった。

天皇の葬儀としてイメージされるのは、ある程度の年齢の方では、平成元年（一九八九）二月二十四日に執り行われた昭和天皇の葬儀であろうか。天皇の葬儀は、明治四十二年（一九〇九）に制定された皇室服喪令《こうしつふくもれい》によると「斂葬《れんそう》の儀《ぎ》」と呼ばれる。日本国憲法下で初めて行われた斂葬の儀は、〝皇室行事〟である「葬場殿《そうじょうでん》の儀」と、〝国の儀式〟である「大喪《たいそう》の礼《れい》」の、憲法の政教分離の原則を考慮した公私の儀式に分離された。この儀式における「公」「私」の二面性が、葬礼を見る上で重要になってくる。本書にて、中世天皇の葬儀を見る上での指標として、ここで改めて昭和天皇の葬儀を振り返る。歴史学というのは、つねに事象の継承面と断絶面を検証する学問であるからである。

昭和天皇の葬儀を振り返る

雨に曇る新宿御苑《しんじゅくぎょえん》には、白木でこしらえられた壮麗な葬場殿があり、幔門《まんもん》（門に見立てた黒の幔幕）で仕切られ、鳥居などが設置された。殿前の左右には参列者用の幄舎《あくしゃ》が設けられ、新天皇・皇太子・皇族はもとより（皇太后は体調不良により代理人が参列）、海外からも元首もしくは元首級の方々が参列した。午前九時三十五分、「轜車発引《じしゃはついん》の儀」が始まった。昭和天皇の亡骸は、皇居から轜車《じしゃ》とよばれる霊柩車《れいきゅうしゃ》（大正天皇葬礼までは牛車《ぎっしゃ》だったが、昭和天皇葬礼では自動車）に乗せられ、葬列を組み、新宿御苑の葬場殿へと運ばれた。わざわざ時刻まで述べたのは、大正天皇まで「夜」に執り行われていた葬儀が、昭和天皇の葬儀では「昼」に行われたという点を強調したいがためである。

葬儀は、まず内向けの〝皇室行事〟「葬場殿の儀」から行われた。苑内では、楽師《がくし》（宮内庁楽部）による雅楽《ががく》が奏される中、棺が轜車から葱華輦《そうかれん》（天皇の行幸に用いる屋根の上に金色の葱《ねぎ》の花の形の飾りをつけた輿）へ移され、浅沓《あさぐつ》を履き、薄墨色の束帯《そくたい》に身を包んだ駕輿丁《かよちょう》（輿を担ぐ者）が輦を担ぐ。輦の後ろには挿鞋役《そうかいやく》（天皇が束帯着用のときに履く沓を持つ役）の巻纓《けんえい》（冠の纓を巻く）を施した侍従《じじゅう》を携え、黄幡《おうばん》・白幡《はくばん》、楯《たて》・鉾《ほこ》、纛幡《とうばん》、大真榊《おおまさかき》といった威儀物により威厳が創出された。葬列は、葬場殿へと移動する。昭和天皇葬儀では皇宮警察が駕輿丁を勤めたが、明治・大正天皇葬儀では、慣習ということで八瀬童子《やせどうじ》が勤めたという。八瀬童子とは、山城国愛《あ》宕《たご》郡八瀬荘の駕輿丁を専門とする住民であり、大人になっても子どもの姿をする童体のため、童子と呼ばれる。

「輿車図考」に描かれた葱華輦と駕輿丁　国立国会図書館蔵

　葬場殿では、楽師による誄歌《るいか》（生前の功徳《くどく》をたたえる歌）が奏唱される中、奠饌幣《てんせんぺい》という、祭官《さいかん》が御饌《みけ》（食事）と幣帛《へいはく》（召し物など）をお供えする儀式が行われ、祭官長の永積寅彦《ながづみとらひこ》氏が祭《さい》詞《し》（弔辞）を奏上した。御饌には、ひな祭りのような紅白の菱餅も供えられており、仏教式の葬儀に慣れている方だと違和感を覚えるだろう。

　祭詞の後は、新天皇が玉串を捧げ拝礼し、御誄《おんるい》（死者を慕い、その霊にむかって生前の功徳などを述べることば）を奏上する。

昭和天皇葬儀では新天皇が直接に口語体で奏上されたが、明治・大正天皇葬儀では、内閣総理大臣や宮内大臣が文語体で記された新天皇の御誄を代読した。その後、皇后・皇太子をはじめとする皇族の拝礼が行われた。

「葬場殿の儀」が営まれた後、政教分離に則り鳥居などの宗教的な物が撤去され、今度は、竹下登《たけしたのぼる》内閣総理大臣を大喪の礼委員会委員長とする政府主催の外向けの〝国の儀式〟「大喪の礼」が執り行われた。竹下総理、原健三郎《はらけんざぶろう》衆議院議長、土屋義彦《つちやよしひこ》参議院議長、矢口洪一《やぐちこういち》最高裁判所長官といった三権の長がそれぞれ弔辞を述べ、ベルギーのボードワン国王・王妃を筆頭（参列者の国王で最も在位が長かったため）として、各国の国王・大統領・王族、副大統領・首相、副首相・閣僚・特派大使、国際機関の順で拝礼した。筆者の目には、前半の「葬場殿の儀」とは打って変わって宗教色がない分、味気なく粛々と進行したように映り、時々テレビカメラに映される民族衣装を纏っての参列者が目を惹くくらいであった。

その後、棺は再び轜車へと乗せられ、陵所《りょうしょ》が置かれる東京都八王子市へと向かい、再び〝皇室行事〟である「陵所の儀」が執り行われた。武蔵野陵《むさしののみささぎ》と名付けられた陵所でも、威儀物を手にした薄墨色の束帯姿の祭官による葬列が組まれ、葬場殿の儀とは違い、葱華輦へと乗り移らず轜車のまま移動し、夜の九時頃まで、御須屋《おすや》と呼ばれる建物の中で石棺へと移し替えられ、陵誌（墓碑）とともにインクラインを用いて陵に納める儀式が行われた。現在では非常に珍しくなった土葬にて埋葬されたのである。武蔵野陵は大正天皇の多摩陵《たまのみささぎ》に隣接する。埋葬地として多摩の地が選ばれた理由の一つとして、新年号「令和」の出典で話題となった『万葉集《まんようしゅう》』に「多麻《たま》の横山」と詠まれたことによるという。山陵の形態はいわゆる上円下方墳《じょうえんかほうふん》である。

ところで、斂葬の儀は二月二十四日に行われたが、昭和天皇の崩御《ほうぎょ》（天皇の死去のこと）は一月七日である。崩御日は、昭和六十四年（一九八九）が一週間ほどであったという記憶とともに、覚えている方も多かろう。崩御から葬儀まで一ヶ月半以上空いているのである。亡くなってから葬儀までこれほど時間を空けることは、現代ではあまり聞かない話ではある。なんといっても、ご遺体の維持が問題となろう。

イメージしにくい中世天皇の葬礼

平成二十五年（二〇一三）、現上皇が崩御の際に土葬から火葬へ変更する意向を示したが、同二十八年の生前退位に関する天皇のビデオメッセージでは、「モガリ」という言葉を口にした。モガリとは「殯」と書き、天皇の葬儀における独特の儀礼である。その内容は、殯宮《ひんきゅう》という仮喪屋《もや》、すなわち遺体安置所を皇居内に築き、日々復活の有無を確認する「死」の確認儀礼を行う。昭和天皇の場合は、四十九日という仏教葬を彷彿とさせる日数を安置したが、過去の天皇の記録をたどると数ヶ月から一年間の殯期間の事例を見出せる。現人神《あらひとがみ》といわれていた時代もあろうが、生物学的には、遺体は当然、時間の経過とともに朽ち果ててくる。確認儀礼とはいうものの、新天皇は、その様子を定期的に見なければならず、その心労は計り知れない。伝統儀礼とはいえ、子どもに同じ思いをさせたくはない。そのようなことも火葬への変更の要因の一つになったのであろう。

以上、現代の天皇葬儀は、皇室行事（内向け）のパートは、昼に、新天皇を含む皇族のほとんどが出席し、神道式により行われ、新天皇が御誄と呼ばれる弔辞を読み、古墳を彷彿とさせる山陵が築かれ土葬にて埋葬される。

国の儀式（外向け）のパートは一国の宰相が葬儀委員長を務め、国内外から参列者が集い、国をあげての葬儀を行う。また、殯といわれる皇室独自の遺体安置期間が設けられ、死の確認儀礼が行われる。

筆者は、市民講座として、天皇の葬礼についての授業を何度かしたことがある。お年を召した方が多いこともあり、戦前の国家神道の祭主的なイメージが残っており、天皇葬儀は古来より途切れることなく神道式の国葬が行われ、土葬にて埋葬されてきたと思っている方がほとんどであった。明治維新時の神仏分離の効果は絶大だったようで、天皇の葬儀が仏教式で行われたというイメージは現代では浮かびにくいようである。

さらに、天皇の墓所といって頭に思い浮かぶのは、歴史の教科書に登場してくる、あの池に囲まれた樹木生い茂るカギ穴のような形の小島。そう、世界遺産にも登録された大山《だいせん》古墳（仁徳天皇陵古墳）であろう。高校の日本史では、大化《たいか》の薄葬令《はくそうれい》なるものを習うことが稀にあるが、天皇の遺体は墳墓に埋葬されると思い込んでいる方も多い。江戸時代に多くの天皇の墓所が山陵へと整備され、宮内庁がすべての天皇陵を指定したこともあり、古代の古墳から昭和天皇の武蔵野陵まで、連綿として陵墓が築かれてきたという認識であろうか。

そのような誤った認識を後押ししているのが、公共放送の実況や解説者である。昭和から平成の皇位継承儀礼を改めて見直すと、視聴者にとって見慣れない調度品や衣装・儀式が出てくるたびに、「平安絵巻のような」「古式ゆかしい」とのコメントが発せられている。これでは、いかにも連綿と続いているような錯覚に陥るのも当然であろう。

仁徳天皇陵古墳（上空南から）　堺市堺区　画像提供：堺市文化観光局世界文化遺産推進室

たしかに、古代大王の葬儀と近代天皇の葬儀には共通項が多く存在する。そのため、中世・近世の葬礼も古代・近代と同じ形態であったであろうとの推測が生まれてくるのだろうか。古代と近代に挟まれた中世と近世は、まるでオセロのように古代・近代型の葬礼が行われていたという認識に染められてしまっているといえよう。

よって、筆者は中世天皇の葬礼の実態を知っていただくために筆を取ることとした。

中世型ともいえる葬礼は、一言でいうなら菩提寺《ぼだいじ》に丸投げした密葬《みっそう》といえる。もちろん、天皇の死に対して国政として行うべき国家的追悼儀礼も一部、古代から引き継がれている。その点では、昭和天皇の葬儀における「国の儀礼」と「皇室行事」、民間における「社葬」と「家族葬」のような、公私の儀礼に分かれていることに似ている。ただし、国家的追悼儀礼といっても、三権の長をはじめ国の内外から要人が参列した昭和葬とは違い、中世の「国の儀礼」では廃朝《はいちょう》（政務の停止）、錫紵《しゃくじょ》（天皇が喪服を着す）、固関《こげん》（関所を警固する）程度である。「皇室行事」においても、新天皇や摂政・関白、大臣といった最高位の者が参列することなく、故天皇の近臣や外戚《がいせき》などの内々の者のみ参列する、いわば「イエ」的儀礼といえる。「イエ」とカギ括弧つきで学術用語を用いたが、本書でいう「イエ」的儀礼とは、国家的儀礼や公的儀礼の対義語として、近習や縁戚者など家族的共同体＝「イエ」により運営される私的な儀礼を指す。

そして、最大の特徴は、さきほど何気なく「天皇の死」と述べたが、実は中世の天皇は〝死ぬことが許されない〟、いわゆる「不死の天皇」と位置付けられる。この奇妙な現象について言及した堀裕《ほりゆたか》氏（堀一九九八）は、長元《ちょうげん》九年（一〇三六）に崩御した後一条《ごいちじょう》天皇以降からは、たとえ在位中の崩御であっても天皇の死が否定され、「如在之儀《にょざいのぎ》」として譲位を行い、上皇の死扱いにて葬送されたことを指摘した。「如在之儀」とは、神事などで御神体がなくてもあるかのごとく儀式を行うときに使われる用語だが、ここでは亡くなった天皇が生きている建前にて、皇太子への譲位の儀を行い、譲位後に亡くなってしまったという時間軸をすり替える儀である。中世の天皇は、後継者に皇位を譲るまで死ぬことができなかったのである。

天皇葬礼はどのような変遷を辿ったのか

出だしの「社葬」の話に戻るが、この映画内ではバブル期ということもあってか、戒名料五〇〇万円や花壇代一五〇〇万円など、まさにバブリーな金額が飛び交う。とくに花壇は、主役の男がライバル派閥を威嚇するため、社長はユリの花が嫌いだと言って当初のユリの花壇を全部取り替えさせたので、三〇〇〇万円を費やしたことになる。社葬のような所属組織主催による葬儀は、ある意味組織の威厳を示す場であるので、荘厳さを演出するために奮発することもあろう。しかし、社葬ならその企業の資産をあてがえば良いが、天皇葬儀ならばどうであろうか。当然、その負担は民衆へと課せられることとなる。

仁政《じんせい》を施すことが求められる天皇は、自らの死によって民衆に負担を課すことを憚るようになる。平安時代になると、奈良時代の天皇までは人夫《にんぷ》を動員して造営されてきた山陵が築かれなくなり、国をあげての国葬的葬儀も徐々に消え、いわゆる薄葬《はくそう》が定着するようになる。だが、天皇であるかぎり、天皇葬に付随する略すことができない儀礼もある。そこで、天皇の死でなければ、天皇葬の要素を薄めることができるとの発想が生まれてくるのである。前述の「如在之儀」はそういう事情もあり、〝天皇ではない人〟の葬儀の体裁が取られる。現人神《あらひとがみ》と讃えられた天皇も、譲位し上皇となれば、人間に戻れるのである。平安時代の歴史物語である『栄花物語《えいがものがたり》』では、上皇の葬送を「ただ人」と表現しており、まさに、ただの人として葬られるのである。このように、天皇は平安期には、死ぬことが許されなくなった。

本書では、一見、現代の天皇葬礼からは想像しがたい、中世の天皇葬礼の様相を述べたい。なお、ややこしい話だが、本書ではできるだけ「葬礼」「葬儀」「葬送」を使い分けている。広義↓狭義の概念でいうなら「葬礼」↓「葬儀」↓「葬送」と思っていただきたい。臨終から納骨・一周忌までの諸々の所作・儀式・慣習といった広義の葬送儀礼を「葬礼」と表現し、入棺や沐浴といった葬送儀礼にともなう儀式の総体を「葬儀」とし、土葬や火葬といった遺体処置に関する儀式を「葬送」とする。

第一部　〝死〟から〝不死〟へ

——古代・中世前期の天皇葬礼

第一章　死ぬことが許された古代天皇

ひとまとめに祀られた「天皇霊」

「恐れ多い事であるが、昔は、天子様の御身体は、魂の容れ物である」。

これは、著名な民俗学者折口信夫《おりくちしのぶ》氏（折口一九三〇）の戦前の講演での台詞である。折口説では、民俗学の立場から律令《りつりょう》制以前の天皇（この頃は「大王」とも呼ばれる）は「天皇霊」を受ける器と位置付けた。まるで、リレー走のバトンのように、「天皇霊」を一二六代の歴代天皇間でバトンパスしているかの印象である。バトンが無機質なように、「天皇霊」とは不変なもので、各天皇の魂にそれぞれ個性があるものではなく、魂はただ一つのみ。肉体の死によっても魂に変化はなく、新しい天皇の身体へと入り、再び同一の天皇となるということである。よって、魂は不死のものであるから、神《じん》武《む》や推古《すいこ》といった特定の天皇の魂として宗教的に祀ったりすることはない。特定の祖先を祀るようなことは、古代では行わなかったという見解である。

しかし、折口説はその後の古代葬礼研究の格好の叩き台となり、後続の学術論文の冒頭にて、折口説に疑問を呈すことから入るのがセオリーとなっていった。

その一人、熊谷公男《くまがいきみお》氏（熊谷一九八八）は、古代においても歴代の天皇の御霊を見ることができ、王権の守護霊と考えられていたことを指摘した。少なくとも奈良時代には、それぞれの天皇に「天皇霊」があったとの見解である。しかし、祖霊に個性があったかという点では未発達だったといえる。個々の天皇陵では、それぞれの埋葬者の個別の霊が籠もっていることが認識されてはいたが、宗教的対象として各祖霊の個性が明確ではなく、祖霊全体を一括して祭祀の対象にされていたという。

天皇が埋葬される山陵への祭祀でも、それぞれに個別の霊が籠もっているものの、陵戸《りょうこ》（陵墓を守衛する古代賤民《せんみん》）がおかれる山陵の各霊を融合した形で、やはり祖霊全体が一括して祀られた。そして、祖霊は守護霊として、王権強化のツールとして利用されていたのである。

個々の霊が意識されるようになるのは、いわゆるタタリや怨霊《おんりょう》がしきりに叫ばれるようになる平安時代からである。教科書では平将門《たいらのまさかど》や菅原道真《すがわらのみちざね》、早良《さわら》親王などが有名だが、山陵祭祀のようにすべての霊が融合された強大な怨霊となる空恐ろしいことにはならず、当然、怨霊には個性がある。奈良時代から平安時代にかけて、天皇の個々の霊に個性付けがなされていったのであろう。

亡くなった天皇の霊は十把一絡げに祀られてきたが、天皇ごとの霊に区別されるようになってきたということである。

古代に特徴的な殯

「天皇霊」はひとまとめにして祭祀の対象とされてきたと述べたが、葬礼となると別である。亡くなった天皇は一人だから、個別に対応した葬礼が行われる。古代特有の葬礼の一つとして、現上皇のビデオメッセージでも触れられた「モガリ（殯）」儀礼がある。殯研究では、和田萃《わだあつむ》氏（和田一九九五）が第一人者といえ、本書では和田氏の論を要約しつつ、この儀礼を紐解く。

殯儀礼らしきものは、邪馬台国《やまたいこく》の記述で有名な『魏志倭人伝《ぎしわじんでん》』から見受けられ、民衆レベルでも大《たい》化《か》二年（六四六）の薄葬令にて、諸王以下の殯が禁止されるまで普遍的に行われていた。殯は、一般的には死者の蘇りを願う十余日ほどの期間といわれるが、その理由は明確ではない。死者の魂を呼び戻す招魂《しょうこん》儀礼とする説や、死者霊の浮遊を鎮魂する予防措置との説などがあげられる。どちらの説にせよ、魂が対象であり、朽ち果てていく遺体は二次的である。

漢籍（中国古典）には、遊離しようとする魂を寄せる招魂儀礼が見られる。また、日本でも「タマフリ」と呼ばれる魂呼び儀礼を見出せる。その際、匍匐《はらば》いながら儀礼を行う。匍匐《ほふく》儀礼と呼ばれるこの儀礼は日本固有で、孝徳《こうとく》天皇（在位六四五〜六五四年）の時代に中国から立礼が導入されると、天武《てんむ》天皇十一年（六八二）に禁止される。

タマフリにより死が確認されると、喪となり、殯宮《もがりみや》と呼ばれる喪屋が作られる。殯宮《ひんきゅう》儀礼は六世紀前半の安閑《あんかん》・宣化《せんか》天皇の頃に大和王権の権威を示すため、古代中国の殯《ヒン》を参考に儀礼が整えられ、盛大化した。殯儀礼は、殯宮外部（殯庭《もがりのにわ》）で行われる「殯庭儀礼《ひんていぎれい》」と、殯宮内部で行われる「殯宮儀礼」とに大別できる。殯宮内部に籠もることができるのは、女性の血縁者に限られていたから、殯宮儀礼は本書的には「イエ」的儀礼といえる。それに対し、殯庭儀礼はその内容からも国家的儀礼といえよう。

大王の殯宮は崩御地の近くに作られ、とくに宮殿の南庭に造営された事例が多い。そして、埋葬地とは隔てる場合がほとんどである。殯儀礼は、山陵造営の必要からその造営期間の兼ね合いもあり長期間化傾向にあった。

黒田清輝が描いた明治天皇の殯宮　独立行政法人国立文化財機構 東京文化財研究所（黒田記念館）蔵

一方、殯庭儀礼は、哭《な》くこと（発哭《みねたてまつり》）、歌い舞うこと（歌舞）、語ること（誄《しのびごと》）の三本柱によって儀礼が構成される。

発哭は、文字通り泣くことである。ただし、その泣き方は声を立てて号泣慟哭し、被葬者に対し哀傷と忠誠を示す。天武天皇崩御の際は、約二年間の殯期間に皇太子・公卿百官から僧尼、都の老若男女が発哭している。この儀礼は、殯儀礼衰退後も平安期までは継続し、挙哀《きょあい》という儀式として、服装・場所・所役などの様式が規定される。たとえば、承和《じょうわ》七年（八四〇）の淳和《じゅんな》天皇崩御の際は、近習は清涼殿《せいりょうでん》下において、その他の公卿百官は会昌《かいしょう》門前庭において、五畿七道の国郡司は国衙《こくが》前において、おのおの三日間の挙哀をしている。

葬送における歌舞は、日本固有の習俗儀礼であり、『魏志倭人伝』や『隋書倭国伝《ずいしょわこくでん》』にも見受けられる。その意義は、前述のタマフリと連関するという。

殯庭儀礼で最も盛大に行われるのが誄である。誄とは、辞書では、死者を慕いその霊にむかって生前の功徳などを述べる詞、死者に対する哀悼の辞と記される。和田氏は、誄について、幽魂を慰撫すると同時に皇位継承者への忠誠を誓う詞ともする。殯庭には王族・僧侶・公卿・百寮人・京々の人々・蝦夷《えみし》・隼人《はやと》・諸蕃《しょばん》などが参列し、大王の「偉大さ」を内外へと示す場でもあるので、大王への服属儀礼ともいえよう。

誄のフィナーレともいえるのが、「和風諡号《しごう》」の献呈である。教科書でおなじみの、神武・仁徳《にんとく》・推古・天武といった、現代人になじみのある諡号は、いわゆる「漢風諡号」である。たとえば、史料上最初の和風諡号と確定できるのが、大宝《たいほう》三年（七〇三）に崩御した持統《じとう》上皇へ与えられた「大倭根子天《おおやまとねこあめ》之広野日女尊《のひろのひめのみこと》」である。

和風諡号の献呈の際は、続柄、皇居と治天下（統治範囲）、后妃《こうひ》・皇子女、事蹟、宝算《ほうさん》（天皇の年齢）、崩御の年月日、山陵などの諸項目を誄《るい》する。

以上、殯儀礼について簡単に説明した。ある一定期間、遺体を殯といわれる空間に安置することは、死者の魂に対する何らかの儀礼であると同時に、死を確認後の追悼儀礼、そして新旧の天皇に対する忠誠を誓う儀礼であるといえよう。

衰退する殯儀礼

殯儀礼研究において必ず取り上げられるのが、朱鳥《しゅちょう》元年（六八六）に崩御した天武天皇の葬礼である。二年二ヶ月間の殯儀礼というインパクトと、『日本書紀』にて最も詳細に葬礼模様が記されているからである。殯の長期間化の要因としては、草壁皇子《くさかべのみこ》や大津《おおつ》皇子などによる皇位継承の混乱などがあげられている。

特徴的なことのみあげると、昭和天皇葬儀でも見られた、奠《みけ》（嘗《なふらい》とも）をたてまつる儀式である。殯宮内にて神饌を供するという儀式であり、「嘗」という文字からも、同じように大嘗宮《だいじょうきゅう》に籠もり、神饌を供にする大嘗祭が連想されよう。だが、現在の研究では、殯宮儀礼と大嘗祭で、神饌の供進方法が根本的に違うことから連関はしないとされる。

もう一点、天武葬で特徴的なのが、僧侶が初めて天皇葬儀に関わっているという現象である。具体的には、僧侶も他の参列者と同様に発哭や誄を行なったのである。和田氏は、仏式葬儀が取り入れられたとし、次代の持統天皇葬儀以降、仏式葬儀の色彩が濃くなり殯儀礼は著しく変質していくと述べる。しかし、荒木敏夫《あらきとしお》氏（荒木一九九五）は、大王の偉大さを表すために皇族から蝦夷まであらゆる階層が参加させられたとし、僧侶の参加は、そのあらゆる階層の一人と捉えている。

さておき、最も盛大な殯儀礼ではあったが、この天武葬を契機として殯儀礼は衰退していく。

天武后であり次代天皇であった持統天皇は、天武崩御時に幼少だった軽皇子《かるのみこ》（文武《もんむ》天皇）が成年に達すると（といっても十五歳だが）、息子に皇位を譲り、自身は上皇となって政務の補佐に回った。よって、持統は天皇としてではなく上皇として崩御することとなる。持統は自身の葬儀について、簡素と倹約にすべきことを遺言した。しかし、持統の遺言は守られず、一年の殯儀礼が行われたことが確認できる。そして、人口に膾炙された話だが、火葬された天皇の初例である。

日本での火葬の初例は、文武天皇四年（七〇〇）の法相宗《ほっそう》の僧道昭《どうしょう》とされる。仏教式か否かは不明だが、考古学の分野ではカマド塚という火葬を連想させる墓室が発見されており、道昭以前にも火葬の事例があったことが明らかにされている。持統の火葬は明確に仏教式であり、道昭の火葬の二年後ということで、カマド塚を別の要因による火葬とするならば、日本にて仏教式火葬が行われてすぐに、天皇家でこの革新的な埋葬方法を導入したことになる。火葬はその後、全国へ普及することとなり、天皇家でも文武・元明《げんめい》・元正《げんしょう》天皇と続くこととなる。

火葬の利点は簡便なところであり、薄葬を望んだ持統の考えと一致したところがあろう。また、火葬による葬儀期間短縮のため、政治的空白を短縮できるとの考え方もある。死生観の視点では、山折《やまおり》哲雄《てつお》氏（山折一九九〇）は、持統が白骨化しているのに火葬されたことに注目し、死の穢《ケガレ》を火により浄化したとの見解を示している。一般人には遺骨に執着する事例はそれほど見られないが、貴族・天皇といった一部の階層には、遺骨を保存して崇拝するなどの風習が見られるようになるという。

持統と、慶雲《きょううん》四年（七〇七）に崩御した文武の葬儀は火葬と殯が併用して行われており、葬儀の簡素化や短縮化という点では、この二天皇に火葬の利点はあてはまらない。だが、殯儀礼を行なったといっても、期間中に次代元明《げんめい》天皇の即位礼と大嘗祭が行われており、殯の本来の目的である死の確認儀礼という意義が薄れていることはわかる。そして、文武葬を最後に、殯は明治天皇葬まで姿を消す。

養老《ようろう》五年（七二一）に崩御した元明葬以後は、崩御から埋葬までが短縮され、七日ごとに追善供養を行うなど、仏教思想の浸透が著しくなる。ただし、女帝の元明の場合は孫の首《おびと》皇子（聖《しょう》武《む》天皇）が幼かったことによる、いわゆる中継ぎ天皇ということもあり、殯儀礼を行わない旨の遺言が守られたという見方もある。

天平《てんぴょう》二十年（七四八）に崩御した次代元正《げんしょう》天皇の葬儀では、元明に比べると挙哀などが見られ、多少の殯儀礼の名残はあるが、火葬までは一週間と、殯期間をおいているとはいえない。

それでは、元明・元正と女帝の中継ぎで成長を待ち、満を持して即位した聖武天皇の葬儀はいかがであろうか。国分寺《こくぶんじ》の建立に大仏の造立と、仏教に対する崇敬が厚く、政治史においても奈良時代を代表する天皇といえよう。聖武は、天平勝宝《てんぴょうしょうほう》元年（七四九）に娘の孝謙《こうけん》天皇へ譲位し、同八年に崩御した。生前の業績からも、天武葬に匹敵する葬儀が想定できよう。

聖武の葬儀は『続日本記《しょくにほんぎ》』に記されており、「御葬の儀、仏を奉るがごとし」と仏像に対する儀式の様相で執り行われた。山折氏は、聖武葬をブッタの葬儀に準ずるとし、聖武の遺体は盧舎那仏《るしゃなぶつ》として転生したと位置付ける。「三宝（仏）の奴《やっこ》」を自称する聖武らしい葬儀といえる。聖武が埋葬されるまでは十七日間と、偉大なる天皇を葬るためのさまざまな儀式が目白押しであり、先の女帝二人よりは埋葬までの期間が長くなっている。しかし、聖武葬でも殯儀礼は復活することはなかった。また、火葬の記事もなく、聖武以降、平安初期の桓武《かんむ》・平城《へいぜい》天皇までは再び土葬が復活する。

殯儀礼は姿を消したものの、史料上には以降も「殯」の語は見える。見えるからといって、天武葬のような大規模な殯儀礼が復活したのではなく、挙哀や誄、和風諡号などの殯儀礼に内含されていた〝殯の名残〟に対しての語である。よって、狭義の意味での殯儀礼は文武葬をもって終焉を迎えたが、遺制である挙哀などの広義の殯儀礼は、平安時代においても見られる。

古墳の系譜を引く山陵に関しては、大化の薄葬令を経て縮小傾向にあるため、大山《だいせん》古墳などを想像すると拍子抜けするだろうが、奈良時代にも造営されている。天皇は山陵に埋葬されるという流れはいまだ続いているのである。

第二章　不死の天皇の登場

平安時代はまさに、天皇葬儀において大きな転換期といえよう。その特色は、薄葬化と仏教色が濃くなることである。

平安京遷都で知られる桓武《かんむ》天皇の葬儀は、その詳細が詳らかではない。『日本後紀《にほんこうき》』から読み取れるのは、はじめ山城国葛野《かどの》郡宇多野《うたの》（京都市左京区北東部）が陵所として選定されるが、タタリを避けるため同国紀伊《きい》郡の柏原陵《かしわらのみささぎ》（京都市伏見区桃山町）へと変更された程度である。柏原陵は、『延《えん》喜式《ぎしき》』諸陵式《しょりょうしき》により重要視された近陵《きんりょう》（別格の天皇陵）となっていることからも、古代的天皇葬の延長線上にあったのではなかろうか。

重厚な古代的天皇葬儀

そのような、古代的天皇葬への転換期となったのが、嵯峨《さが》天皇（承和《じょうわ》九年〈八四二〉崩）と淳和《じゅんな》天皇（同七年崩）兄弟の薄葬指向であろう。

古代的天皇葬儀ともいえるのが、任葬司《にんそうし》・素服《そふく》・挙哀《きょあい》・国忌《こっき》・山陵の諸儀礼である。

任葬司とは文字通り、葬儀委員ともいえる葬司を任命することであり、葬司は喪司もしくは葬官ともいわれる。国家の基本法典である律令では、貴族層の相続・婚姻・葬儀に携わる治部《じぶ》省傘下に喪儀

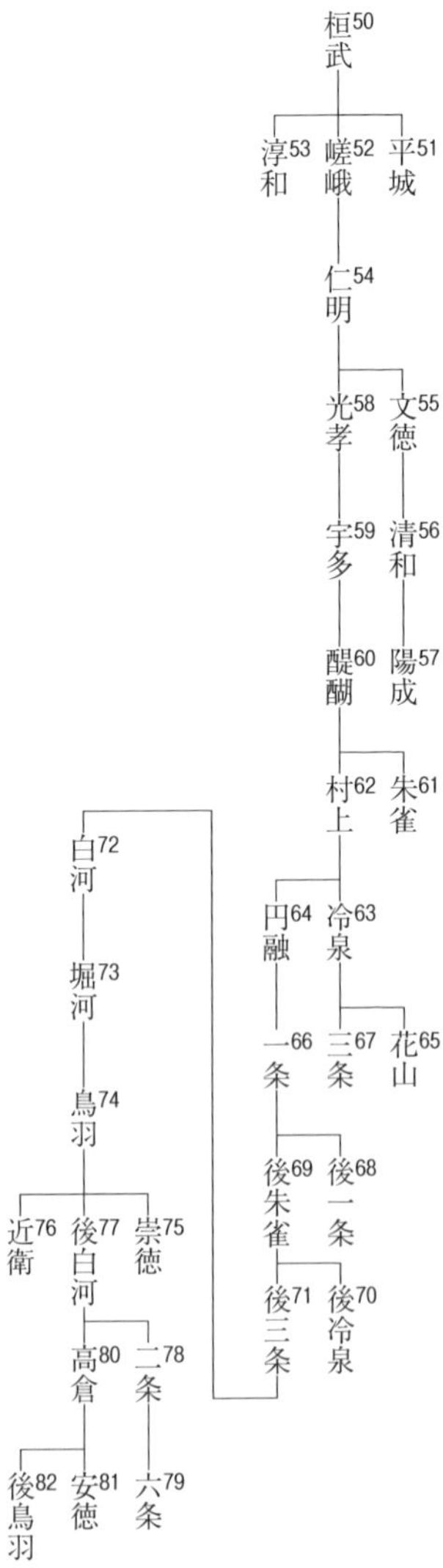

系図１　平安期の天皇家略系図
※数字は歴代を示す

司が置かれたがすぐに廃止された。その代わり、葬儀のたびに葬司を置くようになり、醍醐《だいご》天皇の皇子源高明《たかあきら》が記した儀式書『西宮記《さいきゅうき》』では、天皇崩御時には、山作司・作路司・養役夫司・前後次第司の各葬司を任命することがあげられている。いわば、天皇葬儀に関する葬儀委員会を立ち上げるのである。山作司は陵墓造営委員、作路司は葬送時の道路整備委員、養役夫司は陵墓人夫の管理委員、前後次第司は葬送時の行列整備委員といったところであろう。

素服は喪服のことである。無地の質素な服であるが、現代の喪服は黒を基調としているのに対し、染めない素地の服を用いるため、当時は白地（のち黒布）であった。しかし、ここでいう素服とは喪服そのものを指すのではなく、喪服を着し喪に服す行為についてである。天皇の崩御に際し、百官素服と称し、中央の官衙《かんが》から諸国の国衙《こくが》の役人まで一同喪服を着し、喪に服すのである。プロスポーツの世界では、オーナーやチームメイトの死に際し、喪章を付けて試合に臨むなどのシーンを見ることがあるが、さすがに社主が亡くなったからといって、社員すべて喪服を着て業務を行う会社はないだろう。だが、古代天皇の死では群卿百寮《ぐんけいひゃくりょう》が喪に服すため、業務に著しく支障をきたすのである。殯庭《ひんてい》儀礼では皇太子から庶民まで発哭《みねたてまつり》をして哀悼の意を表した挙哀は、平安時代には八省院《はっしょういん》朝集堂《ちょうしゅうどう》前で諸臣のみ行う儀礼へと縮小された。命日に政務を休み、追善供養の法要を行い、歌舞管弦を慎む国忌は、荷前《のさき》と呼ばれる毎年の山陵祭祀とともに、古代天皇を弔う重要な儀礼であった。しかし、理論上、代を重ねるたびに国忌は増加するものであり、桓武天皇の時代に国忌の対象を絞ったが、それでも十を数えた。

律令の施行細則『延喜式《えんぎしき》』によると、十世紀初めでは天智《てんじ》・光仁《こうにん》・桓武・仁明《にんみょう》・文徳《もんとく》・光孝《こうこう》の六天皇と、藤原乙牟漏《おとむろ》（平城《へいぜい》・嵯峨母）、藤原沢子（光孝母）、藤原胤子（醍醐母）の三后の九国忌が定められており、のちに醍醐天皇崩御により文徳に代わり醍醐命日が国忌となるが、国忌数はしばらく固定された。

そして、これまでも述べてきた民衆に大きな負担を課する山陵造営も継続されており、『西宮記』では、山陵は土地調査から始まり、場所を選定し、陵域内の寺を破却し料物《りょうもつ》を与えるとする。まるで、ダムに選定された山村が水底に沈むがごとき行為だが、なにより相当の人力と用途を費やす一大プロジェクトとしての性格をいまだ有していた。

薄葬への願い

　前置きが長くなったが、これらの負担が大きい古代的天皇葬からの脱却を試みたのが、嵯峨・淳和天皇兄弟である。山田邦和氏（山田一九九九）は、この二天皇の薄葬指向を詳細に研究している。まず、先に今生へ別れを告げた淳和上皇は、現役の天皇ではないこともあってか死ぬ間際に次の遺言を残した。

　華美や他人への負担は好まないから葬送は簡素にせよ
　朝廷からの葬具は固辞し返還せよ
　葬儀は他人に見せるべきものではないから夜に行え
　国忌や荷前は人を苦しめ無益なので停止せよ
　遺骨は砕いて山中へ散骨せよ

　しかし、今までが今までだけに、いくら上皇とはいえども、天皇経験者の葬儀をいきなり薄葬にするのは、先例を金科玉条のごとく崇拝する貴族たちにとっては仰天であり、到底受け入れられる項目ではなかった。当然反対意見が多数を占め、近江国逢坂関《おうさか》・伊勢国鈴鹿関《すずか》・美濃国不破関《ふわ》の三関所の固関《こげん》を行い、任葬司も行なった。さらに、多額の御葬料を計上し、畿内から役夫《えきふ》一五〇〇人を動員する、淳和の遺志とは対局な葬儀準備を行なった。官人たちは素服を着し、毎日三度ずつ官庁前で挙哀をし、参議が殯儀礼の名残である誄《しのびごと》を奉り、仁明天皇は清涼殿で素服を着した。右大臣藤原三守《ただもり》も公卿百官を率い、朝堂院会昌門《ちょうどういんかいしょうもん》の前庭で三日間挙哀をし、薄葬の遺詔は反故にされ、古代的天皇葬は継続されたのである。

ただし、埋葬に関しては前代未聞ともいえる天皇骨の散骨の遺詔が守られた。淳和の遺体は山城国乙訓《おとくに》郡物集《もずめ》（京都府向日市《むこう》）に運ばれ火葬され、遺骨は砕かれ大原野《おおはらの》の嶺の山上から散骨された。山陵への荷前の使の派遣もやめ、陵戸《りょうこ》も置かず、国忌も停止された。崩御直後の対応とは真逆の急転換である。この現象を、山田氏は淳和皇后正子内親王の仕業とする。

散骨こそ守られたが、完全なる薄葬化に失敗した弟淳和の無念を晴らすべく、兄嵯峨はその死にあたって長文の遺詔《いしょう》を残し、念入りに薄葬の実現を目指した。その決意は、遺詔ににじみ出ており、「葬」とは「蔵（隠す）」ことであり、人が見るものではないとして、徹底した薄葬を指示した。その内容を簡潔に述べると、朝死んだなら夕に葬り（すぐに葬送しろ）、棺は厚く作らず筵《むしろ》にて覆い黒葛で縛り（簡素な棺にせよ）、時服《じふく》（朝廷から支給される服）を着し、葬儀は三日を超えず、喪服は院中の人だけで万民にそれを強いるな（百官素服をやめよ）、葬儀への従者は二十人以内とし、山陵は僻地の不毛の地を選び、棺の分だけ浅く掘り平らのままにし（山陵造営は簡素にせよ）、祭祀を行わず（荷前をやめよ）、追善は寺院で行うのみとせよ、ということである。極めつけは、「もし遺詔を反故にすれば、私の魂は傷つき冥途で恨み悲しみ、長く怨鬼となる」との〝脅し文句〟である。薄葬に対する並々ならぬ決意の表れであり、薄葬への願いは一応守られた。

嵯峨葬では、固関は行われたものの挙哀や百官素服が行われず、任葬司も行われた形跡がない。御葬料も淳和葬儀より大幅に縮小された。朧谷《おぼろや》寿《ひさし》氏（朧谷二〇一六）は、天皇の在位中の功績が葬送に反映されるということはまったくなく、むしろ名君ほど倹約を遺詔している例が認められるようになるとする。

二年二ヶ月間の殯儀礼を費やした天武天皇葬や、仁徳陵とされる大山古墳のような巨大山陵など、偉大なる大王を国家総出で葬るという葬礼ではなくなるのである。

いよいよ薄葬時代の幕が開けた。

中世的葬儀の萌芽――「天皇崩」と「太上天皇葬」

堀裕《ほりゆたか》氏（堀一九九八）は、嵯峨葬以降、葬礼の各儀礼のリストラが進むと説く。まず、哭《な》くこと（発哭）、歌い舞うこと（歌舞）、語ること（誄）の三本柱であった殯庭儀礼の内、歌舞は天皇葬礼からすでに姿を消していた。

誄は、薄葬の遺詔の大部分が反故にされた淳和葬以降、姿を消す。嵯峨葬における薄葬化の影響であろう。そして、誄にて忘れてはならないのが、仏教式葬儀の戒名にあたる、「和風諡号《しごう》」の献呈である。既述のように、現代人になじみのある諡号はいわゆる「漢風諡号」であり、天皇には二つの諡号がある。最後の誄とされる淳和葬では、「日本根子天高譲弥遠尊《やまとねこあめのたかゆずるいやとおのみこと》」という和風諡号が贈られた。しかし、嵯峨上皇には贈られず、嘉祥《かじょう》三年（八五〇）に崩御した仁明天皇では一部史料のみ和風諡号が見受けられるが、真偽は判然としない。そして、仁明以降、和風諡号は完全に姿を消すこととなる。

次に、発哭儀礼の挙哀は嵯峨上皇葬では行われなかったが、続く仁明天皇葬では復活した。次代の天安《てんあん》二年（八五八）に崩御した文徳天皇葬でも行われたが、元慶《がんきょう》四年（八八〇）崩御の清和《せいわ》上皇の葬儀では行われなかった。その違いを見出すと、在位中に崩御しているか否かである。次に、在位中の仁和《にんな》三年（八八七）に崩御した光孝天皇へは再び挙哀が行われていることからも、在位中崩御、すなわち「天皇崩」か否かが挙哀実施への一つの基準になっていることは明らかであろう。しかし、長きにわたって継続されてきた挙哀も延長《えんちょう》八年（九三〇）崩御の醍醐上皇葬以降、姿を消すこととなる。

では、国家的葬礼の象徴ともいえる、公卿百官ことごとく素服を着し喪に服す百官素服はいかがであろうか。薄葬のターニングポイントとなった嵯峨葬では、遺言により百官素服は行われなかった。しかし、仁明・文徳天皇葬では復活し、清和上皇葬では行われず、光孝天皇葬では行われた。やはり、挙哀と同様に「天皇崩」か否かが百官素服の基準となっているのであろう。殯の時代から続いていた百官素服は太上《だいじょう》天皇葬では停止されたのである。

筆者は、百官素服から一部の近習のみ素服を賜り喪に服す現象を、葬送儀礼が「国家」的儀礼から「イエ」的儀礼へ転化したと位置付けている。そして、「イエ」的儀礼にて行われる葬儀を中世的天皇葬儀とする。

ともかく、辛うじて命脈を保ってきた殯儀礼の名残は、大正元年（一九一二）の明治天皇葬にて殯そのものが復活するまで中絶するのである。

古墳の名残ともいえる山陵については、嵯峨・淳和兄弟の内、先に亡くなった淳和は散骨となったが、嵯峨の場合は、肥沃な土地を避ける程度で山陵自体には反対ではなかった。ただし、墳丘を築かず棺を浅く埋めよとの、山陵の簡略化は遺言している。その後は醍醐天皇まで、在位中の崩御なら山陵造営、太上天皇葬なら山陵造営せずという、ここでも「天皇崩」か否かが基準となる。

この兄弟の葬送の違いは埋葬でも見出せる。淳和は火葬されたのに対し、嵯峨は土葬されている。聖武葬以降、桓武・平城葬まで形《なり》を潜めていた火葬だが、薄葬思想の広がりとともに再び見られるようになる。また、仏教葬も浸透しており、嵯峨・淳和の次代仁明葬から、山陵に菩提を弔うための陵《りょう》寺《じ》が造られるようになる。仁明皇子の文徳は、父の崩御場所の清涼殿《せいりょうでん》を仁明の山陵へと移築して、仏堂として嘉祥寺《かしょうじ》（京都市伏見区深草瓦町）とした。天皇の追善は、山陵祭祀から寺院供養へと舵を切っていくのである。その後、火葬骨がすぐに埋葬されず数年にわたって寺に安置され、その後埋骨するパターンが恒例化する。

火葬か土葬の別については、山陵造営と同じく、「天皇崩」なら土葬、太上天皇葬なら火葬という法則性が見られるようになる。嵯峨も淳和も、退位後ということによる薄葬指向とも考えられる。この兄弟の葬礼後も、「天皇崩」に限り古代的天皇葬が継続されているとなると、「天皇崩」まで「イエ」

的葬儀となる転換点を探る必要があろう。

後世において天皇親政の理想型とされるのが、醍醐・村上天皇親子による延喜《えんぎ》・天暦《てんりゃく》の治である。歴史概説的には、律令国家から王朝国家への過渡期とされるが、天皇葬礼史においても画期的な時期である。

延長八年（九三〇）に崩御した醍醐は退位後の死、すなわち太上天皇葬だが、百官素服や土葬による山陵造営など、「天皇崩」の葬礼としての性格が見られる。この現象に関しては複数の見解がある。

まず、醍醐の崩御に関する状況を簡潔に述べる。

醍醐天皇画像　東京大学史料編纂所蔵模写

醍醐は、学問の神様として知られる菅原道真《すがわらのみちざね》を九州の大宰府《だざいふ》へ左遷した天皇であり、非業の死を遂げた道真が怨霊となる話はよく知られている。道真のタタリの信憑性はさておき、事実としては、天皇の日常の居所である内裏清涼殿へ落雷があり、宮中にいた貴族たちに多数の死傷者を出すこととなった。内裏は聖域であり、人の死や出血をともなう出産などを不浄なものと見なし、「穢=ケガレ」として忌み嫌う。もちろん、人間以外でも穢は発生し、床下で犬が出産しただけでも内裏はパニックになるほどである。

人の死は「死穢《しえ》」という穢であり、この落雷事件により清涼殿は血まみれ、そして死体が転がり、天皇の住処はまさに死穢が渦巻く地獄と化した。道真のタタリではという精神的なことも相俟って、醍醐の体は蝕まれることとなり、快方の見込みなしということで皇太子寛明《ゆたあきら》親王（朱雀《すざく》天皇）へと譲位する。その一週間後、出家した直後に醍醐は崩御する。

醍醐は以上のような崩御状況だったので、平安時代の天皇家の喪葬儀礼を論じた谷川愛《たにがわあい》氏（谷川一九九九）は、譲位直後の死であり太上天皇尊号宣下前のため「天皇崩」とされたとする。一方、堀氏は、内裏にて崩御したため「天皇崩」として扱ったとする。

いずれにせよ、形式上は譲位が成立しているため醍醐上皇となっているが、「天皇崩」として葬られたということであろう。よって、土葬にて埋葬され、山陵も造営された。

天暦六年（九五二）に崩御した次代朱雀上皇は、弟村上へ譲位していることもあってか、火葬により醍醐寺の東側へと埋葬される太上天皇葬であった。

一方、康保《こうほう》四年（九六七）に在位中崩御の村上は、土葬にて山陵造営という天皇葬であった。しかし、聖代と讃えられる醍醐・村上親子の代で、挙哀・素服・和風諡号に続いて、たとえ「天皇崩」であっても百官素服も行われなくなり、埋葬方法も火葬が主流となり、人力を要する大規模な山陵も造営されなくなる。

廷臣の葬送への関わりも、一部の近習公卿のみが素服を賜わるように変化する。百官陪従の国家的規模で行われる天皇葬礼は、近習・外戚などの天皇に近い者だけで行われる、天皇家内の私的な内向け儀礼＝「イエ」的儀礼へと転化するのである。

死なない天皇――「天皇」葬から「ただ人」葬へ

村上天皇の死後、冷泉《れいぜい》・円融《えんゆう》・花山《かざん》・一条《いちじょう》・三条《さんじょう》天皇と代を重ねるが、いずれも荼毘《だび》に付されており、殯儀礼的要素や百官素服などの国家的葬礼要素も見られない。ただ、一条は父円融陵の傍への土葬を希望するも、時の権力者藤原道長《みちなが》の失念により火葬にされるなど（『小右記《しょうゆうき》』）、必ず火葬にすべきというルールではなかったことがわかる。しかし、冷泉から三条天皇に至る代はすべて譲位後の崩御であり、天皇葬礼が国家的儀礼から脱却したかは、在位中の崩御を検討しないことには判断できない。

長元《ちょうげん》九年（一〇三六）、後一条天皇は二十九歳の若さで在位中に突然崩御した。幸い後一条の葬礼記録は、源経頼《つねより》の日記『左経記《さけいき》』から凶事を抄出した『類従雑例《るいじゅうざつれい》』にて詳細に記録されている。最後の国家的天皇葬儀と位置付けた村上天皇以来の在位中崩御であり、はたして「天皇崩」として、天皇葬が行われたのであろうか。

後一条崩御を受けて、内裏ではなにやら怪しい行動が行われた。醍醐上皇が内裏にて崩御したときは、内裏で沐浴と着替えが行われ、入棺も行い、出棺時は葬列を組み陵墓までの発葬の儀が行われた。

そして、喪中を表現する可視的役割もある、内裏諸門の閉門が行われた。後一条も、すぐさま葬送儀礼に取りかかるのかと思いきや、内裏より発葬することに対して貴族たちから異議が唱えられた。

前述のように、内裏での死を認めると、聖域が死穢に侵されるということもあろう。後一条の遺体は、入棺などの儀をせずに、葬列も組まず、あくまで牛車を用い天皇の行幸という体にて内裏から出発し、上東門院《じょうとうもんいん》彰子（後一条母）の屋敷へと運び込まれた。当然、出棺ではなくあくまで〝天皇のお出かけ〟なのだから内裏の諸門が閉じられることもなかったのである。堀氏は、このとき、天皇の公式儀礼では用いられない上東門を通っていることに注目し、密々に運び出す意図があったことを指摘している。公的には後一条天皇はまだ生きているのである。

では、上東門院邸で後一条の亡骸が安置されている間、葬送儀礼もせずに何が行われたのであろうか。内裏では、皇太弟敦良《あつなが》親王（後朱雀《ごすざく》天皇）への剣璽渡御《けんじとぎょ》の儀、すなわち譲位の儀が行われた。しかも、「如在之儀《にょざいのぎ》」（『日本紀略』）といわれる後一条が生きている建前にて、後一条―後朱雀の譲国・受禅の儀が行われたのである。

譲位が完了して、後一条は初めて〝死ぬこと〟ができた。堀氏は、殯儀礼が残る古代の天皇を「死ぬ天皇」、後一条以降を「不死の天皇」と呼ぶ。天皇在位のまま死ぬことは許されず、万が一、在中崩御となったとしても、「如在之儀」を駆使して譲位を行い、あくまで譲位後に崩御しましたという小芝居を打つのである。よって、「天皇崩」や天皇葬は姿を消し、必ず太上天皇葬へと仕立てられるのである。

天皇と太上天皇の違いは何か。近代明治国家の憲法にて「天皇ハ神聖ニシテ侵スヘカラス」とあるように、天皇は特別な存在である。それに対し、譲位後の太上天皇は、藤原道長の栄華を描いた『栄《えい》花物語《がものがたり》』の言葉を借りると、「譲位した帝の葬送はただ人（人民）の（葬送の）よう」となる。よって、特別な存在である天皇に対し、殯儀礼や諸国・公卿百官すべて喪に服す国家的大喪を行う古代的天皇葬儀から、「ただ人」として「イエ」的葬儀を行う中世的天皇葬儀へと、大きな転換期を迎えたのである。

ただし、国政を運営する太政官弁官局《だいじょうかんべんかんきょく》によって催される廃朝《はいちょう》・固関《こげん》などの諒闇《りょうあん》儀、天皇が錫紵《しゃくじょ》を着し喪に服す倚廬《いろ》儀など「国家」的儀礼は継続されていく。ちなみに、廃朝とは、天皇が服喪のために政務に臨まないことで、天皇経験者の死への追悼を表す一種の表現儀礼である。固関とは、諸国の関所を警固させることだったが、嵯峨葬以降では軍事的理由ではなく、国家の重事を表現するための儀礼へと性格が転化した。中世では形式的に宣下するだけで、実際に関を固めるような行動はしていない。そもそも、逢坂《おうさか》・鈴鹿《すずか》・不破《ふわ》の三関の軍事的機能はすでに失われていた。錫紵とは、浅黒色の闕腋《けってき》の袍《ほう》（両脇があいた主に武官に用いられる袍）であり、この袍を纏い倚廬とよばれる喪屋に籠もり喪に服す。これらの儀礼は、行政権を有する太政官によって決裁されるため、国家としての儀礼といえよう。

時間と出棺に見る天皇葬儀の変化

「ただ人」の死へと転化した天皇葬は、中世にかけてどのような変化がもたらされるのであろう。国をあげて弔った古代的天皇葬とは違い、中世の天皇葬は〝ひっそり〟がテーマとなる。それは、葬送の時刻にも表れており、中世の葬送は夜に行われる。島津《しまづ》毅《たけし》氏（島津二〇一七）は、その背景を以下のように述べる。

古代中世にあって、夜は他界に通じる世界であり、死体は人々を他界へと引き込む恐れがあると認識されていた。このため死体は、他界に通じた夜の間に、人との遭遇を避けて葬られる必要があった。これが夜に葬送が行われた背景である。（島津氏著書一〇〇頁）

他界への窓口が開かれるのは夜であり、それゆえ、夜間に葬送が行われたということであろう。また、後一条の遺体が葬列を組まずに、天皇行幸の体裁で移されたことは前述した。天皇の遺体を運ぶときには、「平生之儀《へいぜいのぎ》」と呼ばれ、「如在之儀」同様に生存者に見立てて移送する。この「平生之儀」に関して、さまざまな見解があげられている。

遺体の移送を記した古記録では、「移」「渡」「盗出」などの動詞が用いられる。「盗出」は〝盗み出す〟と読めてしまうが、「人目を盗む」の「盗む」と同義であり、ここでは隠して物事をするという意味の、〝こっそり運び出す〟という解釈が定説化している。

では、なぜ遺体を生存者と偽装してまで死を隠すかについては、死穢の発生を隠蔽するためという解釈がある。「如在之儀」を指摘した堀氏は、死体に対するケガレ観念のためとし、「平生之儀」による遺体移送により、内裏や京中で死体が忌避されたとする。国王の死について言及した上島享《うえじますすむ》氏（上島二〇一〇）も、後一条の棺を乗せた輿が行障《こうしょう》と呼ばれる前後左右に白布を垂らして視界を遮断する行為がなされていることから、輿が神聖視され、天皇の死が拒絶されたとする。

一方、島津氏は、「平生之儀」によって内裏から築垣を壊さず神聖な門を通用しての出棺が可能になったとする。築垣を壊すとは、出棺時に門を通らず築垣を破って棺を出す行為である。これだという理由はいまだ結論を得ていないが、庶民に至るまで見られる。なお、陰陽師《おんみょうじ》が出棺の方角を決める事例が見られるが、その方角に門があろうが脇の築垣を破って出棺する。これもまた、一種の喪中表現儀礼なのであろうか。

島津氏は、喪中回避のための「平生之儀」には肯定的だが、死穢の回避に関しては否定的である。氏は、葬車が凶々しいものであるから、人々への凶々しさを回避するため「平生之儀」を用いたと解く。そして、「平生之儀」では死穢は回避できないとする。

葬送儀礼は、歴史学の範疇では説明しきれない部分もあり、誰の説が正解かは、よほど明確な史料でも発見されない限り真相は闇の中である。だが、事実としては、天皇の遺体は生きている建前で出棺というか行幸するのである。

葬列に関しては、いわゆる八瀬童子《やせどうじ》を思い浮かべる方もいよう。八瀬童子とは、現在の京都市左京区の八瀬川の両岸を荘域とした青蓮院《しょうれんいん》領の荘園の荘民である。当該荘園は、山間部のため耕地が少なく、中世以来、天皇の輿を担ぐ駕輿丁《かよちょう》として従事したとされる。その由緒を以て、大正元年（一九一二）の明治天皇葬送と、昭和二年（一九二七）の大正天皇葬送では、天皇の棺を乗せた葱華輦《そうかれん》を担いだ（昭和天皇葬送の際は自動車を用いたため補助役として参加）。

鬼の子孫との伝説もあり、大人でも長い髪を垂らす童体という異様な姿と、天皇から免税の特権を受けていたという特殊性から、八瀬童子をミステリアスな存在として注目する作家も多い。また、子孫は八瀬童子としてのアイデンティティーを共有しており、今回の令和の代替わりにおいても宮内庁へ奉仕を願い出ており、マスコミなどから脚光を浴びている。

そのようなこともあり、前近代においても、当然のごとく、八瀬童子が天皇の棺を担いだと思い込んでいる方も多い。しかし、八瀬童子が棺を担ぐようになったのは明治以降と、実は歴史が浅く、それ以前の葬儀関連の史料からは八瀬童子の姿は確認できない。

天皇葬儀は、院政期は院の近臣が入棺などの葬送の所作を行い、その後、寺院が取り仕切ることになる。白河《しらかわ》法皇の輿は院司が舁《か》いたことが確認でき、寺院が請け負うようになると、寺の力者《りきしゃ》が舁くことになる。一応、延暦寺の息が掛かる八瀬童子が力者として駆り出された可能性はゼロではないが、あまり高くないといわざるをえず、ていねいな実証が必要になろう。

菩提寺の登場

持統天皇が荼毘に付されたように、仏教思想が天皇葬儀へ影響を与えていたことは前述した。中世にかけて、仏教葬の性格が一層濃くなる。黒田俊雄《くろだとしお》氏（黒田一九八三）は、白河・鳥羽《とば》・後白河《ごしらかわ》法皇が政務を執った院政期を、王法《おうぼう》（国王の政治）と仏法《ぶっぽう》（仏の教え）の相依の時代と説く。治天《ちてん》の君《きみ》（天皇家の家長）と大寺院が、寺院の既得特権の保護と引き替えに、鎮護国家などの国家的祈祷を行うなど、持ちつ持たれつの関係が構築されていた。

天皇葬儀に関しても同様であり、のちに寺家請負体制と評価される、寺院主導の葬送儀礼が展開されるようになる。

神道色が強い山陵祭祀に代わり、陵寺が建立されるようになるのは、薄葬の転換期となった嵯峨・淳和上皇の後を受けて即位した仁明天皇葬からである。仁明葬の後、山陵が築かれるものの、山陵に隣接する陵寺が建てられ、陵辺・陵寺では仏事が修されるようになり、山陵が仏教による供養対象となった。そして、陵寺は勅願寺として、鎮護国家の祈祷を行う道場としても機能するようになる。

特徴的なこととしては、葬送後すぐには埋葬せず、数年間、遺骨を安置する事例が指摘されている。上島氏は、「平生之儀」にて注目された穢について、遺骨が仏堂に納められ仏事供養の対象となることで、穢が発生すると述べる。穢は、道路や河原など開放的な場では伝染することはなく、家屋や堂舎など閉鎖空間において充満する性質のものとし、荒垣と鳥居で結界がなされている山作所《さんさくしょ》（火葬場）

も穢にならないとする。それどころか、荼毘所は「貴所屋」と称されることから、清く貴い空間だったと解釈する。

その上で、上島氏は十世紀末から十一世紀初頭にかけて三昧堂《ざんまいどう》（法華堂《ほっけどう》）の建立が見られると述べる。三昧堂の三昧とは法華三昧（法華懺法《せんぼう》とも）のことで、法華経に基づいた仏事が修され、死者の霊魂を菩提へと導くものであった。

院政期の天皇と仏教で想定されるのが、この時期の天皇・皇后の勅願寺群である六勝寺《ろくしょうじ》であろう。たとえば、白河法皇御願により建立されたのが法勝寺《ほっしょうじ》である。もちろん、白河の死後、法勝寺において追善仏事が開催されることになるが、墓所は別に建立された。白河は生前、京都南部の鳥羽に三重塔を建立し、そこへ土葬されることを望んだ。しかし、墓を暴かれることを恐れた白河は結局火葬を遺言し、大治《だいじ》二年（一一二九）の崩御後、火葬された遺骨は二年間保管された後、鳥羽の塔中へと埋葬された。祖父白河の墓所に対し、孫の鳥羽上皇は墓所に阿弥陀堂を建て、墓所でも追善供養ができるようにした。

白河墓所は塔形式であったが、上島氏は、久寿《きゅうじゅ》二年（一一五五）崩御の近衛《このえ》天皇の遺骨が納められた安楽寿院《あんらくじゅいん》新御塔を最後に、塔形式のものは見られなくなり、法華堂そのものに遺骨・遺体が埋葬されることが一般化すると述べる。墓所に法華堂もしくは阿弥陀堂を建て追善を弔うという発想は鳥羽のアイデアと指摘する上島氏は、六勝寺といった勅願寺と墓所に建立された陵寺との宗教的な機能の分化と位置付ける。

その鳥羽自身も、鎮護国家のための最勝寺《さいしょうじ》ではなく、墓所である安楽寿院に法華堂と阿弥陀堂を建立し、そこで法華三昧・常行《じょうぎょう》三昧（阿弥陀仏のまわりを歩きつつ念仏を唱える）を行い、宗教的な機能の分化をより一層はっきりさせたのである。

土葬された鳥羽院

保元《ほうげん》元年（一一五六）の鳥羽院葬儀について見ていくと、興味深い現象が見られる。黒田俊雄氏（黒田一九九四）は、王法仏法相依論とともに著名な顕密《けんみつ》体制論を提唱した。教科書では、鎌倉新仏教として念仏系の法然《ほうねん》（浄土宗《じょうどしゅう》）・親鸞《しんらん》（浄土真宗《じょうどしんしゅう》）・一遍《いっぺん》（時宗《じしゅう》）、禅宗系の栄西《えいさい》（臨済宗《りんざいしゅう》）・道元《どうげん》（曹洞宗《そうとうしゅう》）、題目の日蓮《にちれん》（法華宗《ほっけしゅう》）、が決まって登場し、中世の仏教界を席巻したような印象を受ける。

そして、たいてい「新仏教」＝中世的、「旧仏教」＝古代的という認識を持つが、黒田氏にいわせるとそれは大いなる誤りである。中世において正統な宗教として展開されたのは、密教を基軸に統合された顕密仏教であり、この理論がいわゆる顕密体制論といわれる。本書の後半で取り上げるが、天皇家の追善供養はあくまで興福寺《こうふくじ》・東大寺《とうだいじ》・延暦寺《えんりゃくじ》・東寺《とうじ》・園城寺《おんじょうじ》などの顕密の大寺院の高僧が執り行う。

しかし、顕密仏教は格が高いゆえ忌み嫌うこともある。何度も話題にあがっている穢である。僧侶が遺体を恐れるなど現代では考えられないが、当時の高僧は死穢を避けた。鳥羽法皇の臨終の場では、法皇の傍らで善知識《ぜんぢしき》（仏縁を結ばせる）を行なったのは遁世僧《とんせいそう》の西念《さいねん》であり、埋葬された本御塔にて法華懺法を修したのは禅僧であった。遁世僧とは、いわば隠遁し修行する僧で、イメージ的には、六《ろく》波羅蜜寺《はらみつじ》にある南無阿弥陀仏と口から唱えている空也《くうや》像を思い出してほしい。禅僧も、禅律僧《ぜんりつそう》と称される宗派色のない無縁の僧であり、厳しく戒律《かいりつ》を守るとともに、寺院修造などの勧進活動を行なった。ともに仏教界では周縁的存在であり、死穢が充満する空間での作法を担った。

さらに、鳥羽埋葬では久しぶりの土葬が用いられた。鳥羽は入棺や移送に関する詳細な遺言を残しており、葬列を組まず御幸《みゆき》（上皇の外出）の体裁を用いるなど、その通りに行われた。遺言では火葬か土葬かの希望を見ることはできないが、遺骨を陵寺などにしばらく安置することが慣例化していたこの時期には珍しく、即日に埋葬されている。よって、崩御直後に勃発する保元の乱と連関させ、葬送儀礼を長引かせたくない朝廷側の意向と見なされている。

土葬された鳥羽院の通夜を、摂関家の藤原忠通《ただみち》に仕えた平信範《のぶのり》の日記『兵範記《へいはんき》』では、埋葬場所の安楽寿院の本御塔を「殯」と記していることも注目される。古代的天皇葬儀の殯《もがり》儀礼の復活かと思わせるが、先に述べた誄《しのびごと》・挙哀《きょあい》といった殯儀礼が行われた形跡はなく、土葬された空間を古代の殯宮になぞらえて表現したのではなかろうか。

鎌倉初期にかけての埋葬事情について述べると、土葬・火葬の別が判然としない事例も見受けられる。その中で、中世において土葬が明記されている事例を見出すと、源平合戦時に平氏・源氏の両政権と渡り合った後白河法皇の建久《けんきゅう》三年（一一九二）の葬送も土葬にて行われた。

後白河の葬儀記事を紐解くと、莫大な遺領があったため、その処分に関する記事が多い。富豪が亡くなると葬儀よりも遺産相続に注目が集まるのは、今も昔も変わらない。それでも、遺詔奏《いしょうそう》や固関などの中世の天皇葬送でも見られる手順を踏んでいることはわかる。そして、入棺は俗人の近臣三人と出家した近臣三人の計六人にて執り行い、死穢に携わる禅律僧が執り行う中世後期の事例と異なる。

鳥羽帝安楽寿院本御塔図　「山陵図」　国立公文書館内閣文庫蔵　外池昇編『文久山陵図』（新人物往来社、2005 年）より転載

この頃はまだ近臣の所作であったのであろう。また、素服については、古代のような百官素服ではなく、女院・女房、法親王、近臣のみに与えられ、葬送の供奉も素服を賜った者に限定された。すでに、「イエ」的儀礼へと転化していることがよくわかる事例である。

土葬が採用されたことは、史料上からは、明確な理由が読み取れない。後白河は生前、埋葬地として蓮華王院《れんげおういん》（京都市東山区三十三間堂廻町）の東に法華堂を建立して終焉の地とする予定であったが、妃である建春門院《けんしゅんもんいん》滋子が先に亡くなったため、当該法華堂は滋子の埋葬に用いたという。そして、新法華堂として鳥羽の地の勝光明院《しょうこうみょういん》（京都市南区上鳥羽・伏見区下鳥羽付近）境内に建立する予定も、洪水により計画は中止し、結局、蓮華王院内の東法華堂に埋葬された。このような諸事情が土葬と何らかの関連があるのであろう。

異例な土葬が選択された理由

その他の土葬された天皇では、幼帝があげられる。源平合戦の果て、寿永《じゅえい》四年（一一八五）に西国の壇ノ浦にて入水した安徳《あんとく》天皇は、埋葬はもとより葬送自体が行われていない。また、皇子を儲けず安元《あんげん》二年（一一七六）に十三歳という若さで崩御した六条《ろくじょう》天皇は、随身《ずいじん》（警衛のための官人）も伴わない略儀にて土葬されている。

後鳥羽《ごとば》上皇の鎌倉幕府討幕の挙兵に端を発した承久の乱後に、皇統が交替する形で即位した後堀河《ごほりかわ》上皇も、埋葬方法は土葬であった。後堀河は、天福《てんぷく》二年（一二三四）に二十三歳という若さで崩御し、貴族層の埋葬地であった京都南西辺の鳥辺野《とりべの》の観音寺に埋葬された。『新古今和歌集《しんこきんわかしゅう》』の編纂で著名な藤原定家《ていか》は、後堀河葬儀を「万事の礼法はひどくいいかげんである」（『明月記《めいげつき》』）と批判している。

また同じ年、承久の乱勃発当時の天皇であった懐成《かねなり》王（仲恭《ちゅうきょう》天皇）が、乱後、母親の実家九条道《みち》家邸《いえ》に戻され、元服しないまま十七歳にて亡くなった。「仲恭天皇」とは、明治時代に贈られた諡号であり、当時は廃帝などと呼ばれていた。懐成の在位は七十七日で、即位礼や大嘗祭《だいじょうさい》をあげる間もなく歴代天皇の中では在位最短記録を打ち立て廃位となった。懐成の葬儀に関する記録はなく、おそらくは元服前の若年の皇子として葬られた可能性が高い。

後堀河が病弱だったこともあり、わずか二歳で即位した四条《しじょう》天皇は、二十三歳にて崩御した父よりさらに若く、十二歳で崩御した。仁治《にんじ》三年（一二四二）に行われた四条葬は、皇位継承に手間取り葬送まで時間を要し、「御骨ばかり相残る」（『平戸記《へいこき》』）という惨状であった。承久の乱後、皇位継承は鎌倉に伺いを立てなければならなくなり、この時間ロスが四条の遺体を骨ばかりにしたのである。四条はそのまま埋葬され、外戚の九条道家の側近平経高《つねたか》の日記にて「今度の喪礼は散々だ」（『平戸記』）と評されている。

必ずしも「いいかげん」「散々」が土葬のみを指しているとは限らないが、中世において土葬は異例の埋葬法といえよう。そして、共通点としては、六条・後堀河・四条みな若年での崩御であり、このことが土葬と連関していると考えることはできよう。

第三章　「イエ」的儀礼としての天皇葬儀

寺院に丸投げされた天皇葬儀

前述の四条《しじょう》天皇は教科書的にはほとんどなじみもなく、知っている方も少ないだろう。四条はわずか二歳で践祚《せんそ》し、十二歳で御所の廊下を踏み違えて転倒しこの世を去った。鎌倉後期に書かれた後《ご》堀河《ほりかわ》天皇から亀山《かめやま》天皇にわたる五代の事績を記した『五代帝王物語《ごだいていおうものがたり》』によると、禁中の女房にいたずらしてやろうと御所に滑石粉を撒いたところ自分が引っかかり転倒し、打ち所が悪かったらしくそのまま帰らぬ人となってしまったとのことである。病気などではないのだから、元気いっぱいの少年が突然死ぬことなど想定外であり、この少年天皇の死をめぐって天皇家の歴史が大きく動くこととなる。知名度があるとはとうてい思えない幼帝だが、実は天皇葬礼史においては大変重要な人物である。

大石雅章《おおいしまさあき》氏（大石二〇〇四）は、鎌倉末から南北朝期にかけて、顕密僧と禅僧・律僧・念仏僧との分業体制が確立されたとする。

鳥羽《とば》法皇の葬儀にて、遁世僧《とんせいそう》が臨終時の仏縁を結ばせ、禅僧が埋葬場において法華懺法《ほっけせんぼう》を修したことは述べた。しかし、大石氏は、鎌倉期までは顕密の中核寺院が直接葬儀に関わり、入棺・葬列への参加、荼毘、拾骨も官人とともに従事したとする。ただし、記録には表れないが、禅律僧《ぜんりつそう》が雑用には関わっていたとも指摘する。入棺に関しては、嘉元《かげん》二年（一三〇四）の後深草《ごふかくさ》法皇の葬儀では近臣が行なったが、文保《ぶんぽう》元年（一三一七）の伏見《ふしみ》法皇の葬儀では浄土宗西山《せいざん》派の僧が行い、以降、僧侶が入棺を行うようになる。

大石氏は、入棺や出棺、火葬や収骨などの主に遺体を扱う死穢《しえ》がともなう葬送儀礼は禅・律・念仏僧が行い、一回忌までは穢《ケガレ》により顕密寺院が出仕できないとする。追善供養の段階になってようやく顕密僧の出番が回ってくるのである。階層は顕密僧のほうが断然上なので、葬儀より顕密中心の追善供養が重視されるようになる。

そして、室町期にかけて、天皇葬儀のすべてを寺院にお任せする、いわゆる「寺家請負制」へと移行するのである。室町期以降、江戸末期まで天皇家の葬儀を担ったのが、「御寺《みてら》」と称される泉涌寺《せんにゅうじ》（京都市東山区泉涌寺山内町）である。「御寺」とは天皇家の菩提寺を意味する。泉涌寺は、江戸時代以降は境内に墓所も造営され、まさに天皇家にとって汎用性の高い葬儀場であった。しかし、明治時代の神仏分離《しんぶつぶんり》により、天皇家の葬儀から仏事が排除され、泉涌寺の「御寺」としての役目は終わる。

泉涌寺は、平安時代には創建され、当初法輪寺《ほうりんじ》、のちに仙遊寺《せんゆうじ》と称されていたが、鎌倉時代前期までは荒廃していた。その荒廃していた同寺を再興したのが俊芿《しゅんじょう》である。俊芿は、中国の宋《そう》にて禅法・律学・天台教学を修めた。帰国後、仙遊寺の寄進を受け、寺号を泉涌寺に改めて天台・真言・禅・律の四宗兼学道場として再興した。さらに、後鳥羽《ごとば》・後高倉《ごたかくら》・順徳《じゅんとく》上皇の戒師《かいし》を勤めたことも評価され、勅願寺の一つとなった。現在は真言宗の寺院であるが、再興時は四宗兼学とはいうものの、律宗的性格が強い寺院であった。それを証明するがごとく、泉涌寺の歴代長老は、律僧として東寺大勧進職《だいかんじんしき》（東寺修造のための資金集めを担う職）に就任し、東寺造営や造営料国の経営に従った。

その律宗寺院としての性格が強い泉涌寺にて初めて葬儀を行なった天皇こそ、四条天皇である。いきさつを述べると、四条の皇統に要因がある。先に、四条崩御後に鎌倉へ伺いを立てたため、入棺まで十一日、葬儀まで十六日を要し、遺体がひどく損傷したことを述べた。これだけの時間を要したのは、四条には兄弟もなく（弟は死産）、十二歳の死であるから当然自身の皇子もいなかったため、皇統の交替を招いたからである。

ねじ曲げられた皇統

ここで、四条の葬儀を見る上でも重要な、この時期の皇統について触れておく。そもそも四条の父後堀河も異例の即位劇であった。皇子がいなかったなど、血脈的に皇統が替わることはこれまで幾度かあったが、後堀河即位は、このような血脈的理由ではなく、鎌倉幕府執権北条氏が実質統括する武家政権により、強引にねじ曲げられた皇統交替であった。

原因は、後鳥羽上皇の公家政権と北条義時《ほうじょうよしとき》の武家政権が壮絶に激突した承久の乱である。乱前、後鳥羽は土御門・順徳天皇兄弟の内、順徳系統を正統《しょうとう》（嫡流）と位置付けた。よって、順徳の皇子であっ

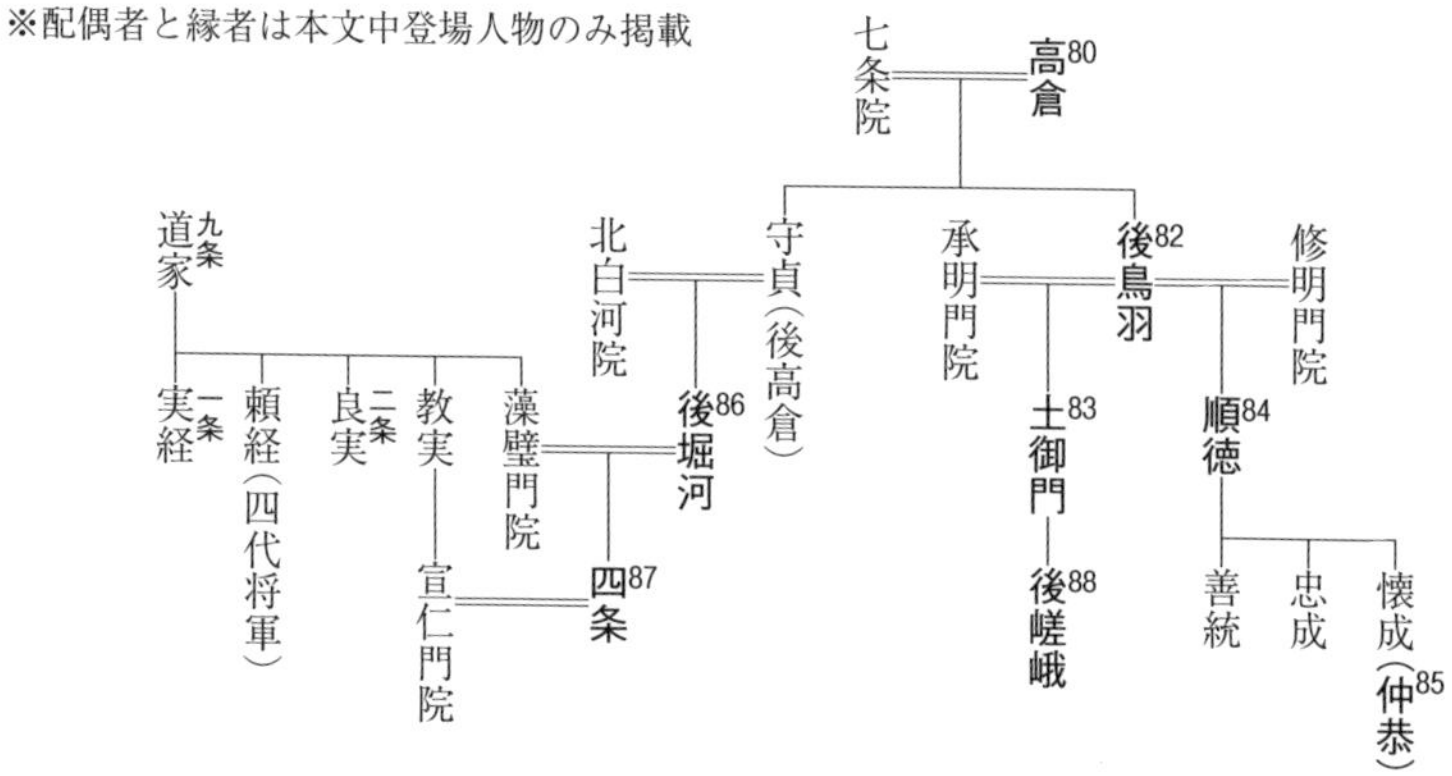

系図2 鎌倉前期天皇家関係系図

た懐成《かねなり》王（仲恭《ちゅうきょう》天皇）は生後一ヶ月で皇太子に据えられ、四歳で早くも父順徳から皇位を継承した。これにて、皇統は順徳流へ固定したかと思われたが、そこで起こったのが承久の乱である。乱の結果はいまさら述べるまでもないが、幕府方が勝利し、後鳥羽—土御門《つちみかど》・順徳父子はそれぞれ隠岐・土佐・佐渡へと流され、譲位を受けたばかりの幼帝懐成は即位礼もあげる間もなく廃位となった。歴史学にて〝もしも〟を述べるべきではないが、この事件がなければ、おそらく順徳皇統が天皇家の正統として代を重ねていった可能性が高い。

さて、生存する天皇家の中心男子を一掃した執権北条義時だが、まさか天皇を空位のままにするわけにはいかず、次の天皇選びに苦慮する。土御門や順徳には皇子が誕生していたが、承久の乱の張本人である後鳥羽の家系から選ぶことを心底嫌った。そこで、北条氏は「王家《おうか(け)》」の別の家から新天皇を立てることを模索する。

「王家」と述べたが、この学術用語は複数の定義がある。

この用語はどうも誤解を招きやすいようで、かつて公共放送の平清盛を主役とした大型時代劇にてこの言葉を頻繁に用い、物議を醸した。「皇」より「王」が格下である云々ではなく、学術用語では、院政期以降、天皇家一門の血脈的広がりが広範になり、血縁者の総称として「王家」という用語を用いることがある。天皇家一門だから「天皇家」という意見もあろうが、そうすると、天皇家一門の中で、天皇を輩出する核家族に対する用語に苦慮する。

よって、本書では宮家も含む広義の天皇家一門を表現する分析概念として「王家」を用いる。そして、天皇を輩出する核家族などの狭義の「イエ」を「天皇家」とする。南北朝期まで中世の天皇位は嫡子相続ではなく、つねに複数の天皇候補が存在する。つまり、天皇を輩出する核家族＝「天皇家」は複数存在すると思ってよい。もちろん研究者によっては、「王家」なる語を、天皇を輩出する核家族に用いたり、他の言葉を用いたりする方もいる。歴史学界では、この複雑な天皇家一門の構造を表現する用語は統一されておらず、とりあえず、本書では「王家」と「天皇家」を既述のように用いる。

天皇未経験の上皇の誕生

話を戻すと、実は後鳥羽には兄がおり、一人は源平合戦により壇ノ浦へと入水した安徳《あんとく》天皇である。そして、安徳とともに西国へ都落ちしていたもう一人の兄がいる。守貞《もりさだ》親王である。守貞は、平家滅亡後、帰京するも、弟後鳥羽が即位しており、平家方と行動をともにしたためか不遇の扱いが待っていた（といっても平家に加担していたわけではない）。皇位の望みが絶望的となった守貞は出家し、法名を行助《ぎょうじょ》と称した（煩雑さを避けるため、以下の表記も「守貞」で統一する）。僧体となり、守貞の系統は傍流となり、王家の日陰の身となった。しかし、陰の存在が幸いし、後鳥羽の討幕計画からは〝仲間はずれ〟とされ、結果として承久の乱には関わることはなかったとされる。

そのため、乱後、後鳥羽「天皇家」から新天皇を輩出できなくなった以上、後鳥羽の血を引かない王家の者から出すほかはなく、ここに守貞の存在がクローズアップされた。守貞には、茂仁《ゆたひと》王という王子がおり、王家の俗体の王子であった。幕府は、この茂仁を即位させた。これが後堀河天皇であり、わずか十歳での即位となった。

これで問題解決かというと、王家の中にはもう一つ空席がある。それは、王家を統括する長《おさ》すなわち「治天《ちてん》の君《きみ》」である。十歳の少年天皇が、海千山千の天皇家一門を束ねることなどできるはずもなく、王家の長にふさわしい人物を据えることとなる。当然、候補としてあがるのは後堀河の父守貞である。

だが、守貞には大きな問題があった。それは、皇位に即《つ》いていないことである。治天の君の席には、太上天皇の尊号を賜った者（いない場合は天皇）のみが座ることができる。太上天皇というくらいだから、当然、天皇経験者に与えられる尊号である。さらに、生存中に尊号を賜るときは俗体でなければならず、守貞はすでに出家しており僧体である。白河法皇や鳥羽法皇は、尊号を得てから出家していたのである。いまさら還俗して即位するわけにもいかず、古代中国の漢の高祖劉邦《りゅうほう》が、皇帝未経験者であった父劉太公《りゅうたいこう》を、皇帝の父という理由により太上皇《たいじょうこう》の尊号を与えた事例に基づき、守貞へは太上天皇号として「後高倉院《ごたかくらいん》」号が贈られた。承久の乱による三上皇配流という異常事態により、ここに天皇未経験者の上皇が誕生した。後高倉院すなわち後高倉法皇となった守貞は、王家の窓際から一気に王家の頂点に立ったのである。承久の乱は、皇統においても大きな変化をもたらした。

だが、幕府の後ろ盾により治天の君の座を得たものの、王家の中には順徳「天皇家」と土御門「天皇家」が残存しており、公家社会は〝本当の〟治天の君後鳥羽により正統とされた順徳流を支持するものも多く、後高倉「天皇家」は正統性を得るための流儀や作法の確立のために苦悩することとなる。

異例であろうとも、北条氏のゴリ押しであろうとも、正統の座を得たのは後高倉皇統である。ところが、筆者は超自然的なことは好きではないが、強引に皇統をねじ曲げたためなのか、本来の正統であった後鳥羽「天皇家」への不思議な〝揺り戻し〟現象が続く。

先に述べたように、後堀河は二十三歳の若さで崩御する。実は後堀河の中宮藻壁門院《そうへきもんいん》竴子も、後堀河崩御の一年前の出産の際に、母子共々みまかられた。最愛の妃を亡くした後堀河は、衰弱し、喪中に行われた法勝寺での仏事において、竴子の幽霊まで見る始末であった。そしてまもなく、後を追うように崩御した。

若き天皇夫妻の死は、承久の乱により隠岐に流された後鳥羽の生き霊によるものとささやかれた。さらに、延応《えんおう》元年（一二三九）、後鳥羽が隠岐にて崩御すると、今度は後堀河の子四条が前述のように十二歳で崩御する。当然ここでも、「遠くの浦々にて沈み果てた御霊」（『増鏡《ますかがみ》』）によるのではと、後鳥羽の怨霊が取り沙汰された。

そこで、朝廷は怨霊の慰撫に乗り出す。配流された天皇は、「讃岐院《さぬき》」（崇徳《すとく》天皇）など配流先の名が付された院号で呼ばれるが、怨霊などが取り沙汰されると、鎮魂のための院号に差し替えられる。その場合、「讃岐院」が「崇徳院」と追号されたように「徳」の字を用いた追号が与えられる。壇ノ浦に入水した安徳天皇も、怨霊慰撫のために「徳」字が用いられた。後鳥羽と順徳も、当初それぞれ「隠岐《おき》院」「佐渡《さど》院」と配流先を付した院号で呼ばれていたが、怨霊が取り沙汰されると「顕徳《けんとく》院」「順徳院」の追号が送られた。「配流先＋院」から鎮魂のための「徳」字を用いた追号」は、遠国崩御の天皇に対しての一種の様式美といえよう。

一度は「顕徳院」の追号が贈られた後鳥羽だが、「徳」字の院号は、怨霊を封じるため、天皇への登極事実を認める役割があるものの、王家の正統から外れた、あくまで傍流の登極者という評価がぬぐえない。本来の正統であった後鳥羽は、「顕徳院」として登極の事実は公認されても、正統の座としては認められていないこととなる。そこにきて、四条の崩御である。

傍流化の危機

承久の乱による外的介入により、後高倉皇統が確立されたが、後堀河―四条の二代で、あっけなく血脈が途絶えてしまう。後高倉「天皇家」の脱落により、「天皇家」から脱落していた順徳一家と土御門一家に再び脚光があたり、「天皇家」復活の機会がめぐってきた。順徳一家には忠成《ただなり》王、土御門一家には邦仁《くにひと》王と、それぞれ適任の皇子が存在した。公家社会では、順徳一家こそが正統な「天皇家」という意識が根強く、順徳流に再び正統が戻ることが期待された。

しかし、承久の乱後、実質的な皇位継承決定権は幕府執権北条氏が掌握しており、北条泰時《やすとき》は挙兵に積極的だった順徳の子を避け、消極的だった土御門皇子を選択。邦仁王は即位し、後嵯峨《ごさが》天皇となった。四条が葬儀まで時間を要したのは、このような事情があったのである。忠成支持の貴族からは、「異域蛮類之身《いいきばんるいのみ》」(『平戸記《へいこき》』)の北条氏により皇統がねじ曲げられたとの痛烈な批評が展開されるが、一度決定した皇統をそうそう覆すことはできなかった。

幕府の後ろ盾により即位した後嵯峨だが、一抹の不安がある。後高倉「天皇家」が苦心したように、後嵯峨「天皇家」が正統であることを公家社会に認めさせなければならず、公事《くじ》作法・仏神事・学芸などで「イエ」要素を構築し、正統化を図らなければならなかった。それとともに恐れたのが、後堀河・四条たちを若年で葬った、後鳥羽や順徳の怨霊である。後嵯峨一派は、本気で怨霊を恐れたようである。

まず、後嵯峨即位当時は「顕徳院」との追号であった後鳥羽に、後嵯峨は即位後すぐに「後鳥羽院」の追号を贈り、王家の窓際から中央へと再び戻した。これは、怨霊による後堀河・四条のような早死を避けるとともに、「顕徳院」のままだと自身の正統性も危ういということでもある。後嵯峨は後鳥羽の孫にあたり、れっきとした後鳥羽流である。よって、怨霊慰撫とともに王家の傍流をも意味する「徳」字を持つ追号を、自身の祖父が持つことは正統性を問われかねない。そこで、「後鳥羽院」号を贈り、自身は王家の正統である後鳥羽流の正統な後継者であることをアピールしたのである。

さらに、「佐渡院」と呼ばれていた順徳に対しても、即位から七年後の建長《けんちょう》元年（一二四九）に「順徳院」号へと改めている。崇徳や安徳と同じく鎮魂のためであるが、「徳」字を与えることにより、正統へのはしごを外したことにもなろう。無論、「顕徳院」から「後鳥羽院」へ改めたように、正統の座を得れば、「順徳院」からしかるべき追号へと改めることは可能なので、「順徳院」贈与はそこまで正統の座を固定するようなものではなかろう。

ちなみに、寛喜《かんぎ》三年（一二三一）に崩御した後嵯峨の父土御門は、承久の乱にほとんど関わっていないこともあり、幕府からは好待遇を受けており、配流先の土佐院・阿波院（当初は土佐に流されたが、のちに都へ近い阿波へと移された）との別称は見受けられるものの、すんなりと「土御門院」号を得たようである。

次期天皇レースに負けた順徳流には、傍流化という試練が待っていた。順徳流は、「天皇家」から一「宮家」へと降格し、四辻宮家《よつつじのみや》として捲土重来を期す。四辻宮家では、皇位を争った忠成ではなく、弟の善統《よしむね》王が所領を引き継いだこともあり、順徳流の「イエ」を死守していた。しかし、三代善成《よしなり》王が臣籍降下により源（四辻）善成となり、ついに王家の枠組みからもはずれることとなった。その後は、親王復帰を果たせず、息子も出家しその後の足跡をたどるのが困難となる。傍流化は、王家の中でのジリ貧化を免れず、いずれ王家からも去らなければならない運命が待ち受けているのである。

葬場として名乗りでた泉涌寺

さて、話がかなり飛んだが、四条の葬儀へと話を戻す。長い前置きで何がいいたいかというと、皇子を残さず崩御したことにより、後高倉―後堀河―四条の皇統は傍流化したということである。寸前まで天皇だったとはいえ、皇統の正統は土御門―後嵯峨流へと移っており、傍流の天皇の葬儀という位置付けとなる。

四条の遺体が十六日間も放置されたように、貴族たちの関心は、すでに新しき正統である後嵯峨「天皇家」へと注がれていた。よって、四条の葬儀場を引き受けることは、寺院にはたいした優位性が得られない。そのような四条葬を引き受けたのが、俊芿により再興されて間もない、いわば〝売り出し中〟の律宗色の強い泉涌寺であった。

葬儀場が泉涌寺に決定したいきさつについて、はっきり記されている史料は残念ながらない。しかし、南北朝期に記された鎌倉期をテーマとした歴史物語『増鏡《ますかがみ》』には興味深い記述がある。四条がまだ言葉も話せない幼児のときに、前世は泉涌寺を開山した俊芿聖《ひじり》ということを述べ、とある人の夢の中でも俊芿上人が成仏すべきところを、泉涌寺を再興するために帝王の位を借りて四条天皇として再び人界の生を受けたという。

たしかに、俊芿は嘉禄《かろく》三年（一二二七）に示寂《じじゃく》（高僧の死）しており、四条天皇は寛喜三年（一二三一）に誕生した。後鳥羽の怨霊に続き再びの超自然的な話だが、この突拍子のない説は他の書物にも記されていることからも、それなりに流布していたようである。

　後嵯峨即位により傍流化した四条葬に二の足踏む他の寺院を尻目に、泉涌寺は、このにわかには信じがたい説話にも後押しされ、忽然として葬場へ名乗りでた。四条は泉涌寺境内の月輪陵《つきのわのみささぎ》へ土葬された。父後堀河が眠る観音寺陵《かんのんじのみささぎ》、母藻璧門院が眠る月輪殿南辺の付近であり、いわば早世の父母子は一緒に眠ることができたといえよう。

泉涌寺陵図　「山陵図」　国立公文書館内閣文庫蔵　外池昇編『文久山陵図』（新人物往来社、2005 年）より転載。奥に見える石塔群が各天皇の墓所

大臣が三人供奉した四条天皇の葬送

四条の葬礼についてもう少し詳しくみていく。父後堀河は、病気の悪化により譲位とともに出家もしており、いわば〝準備万端〟で崩御に至ったが、四条は元気っ子の突然の崩御である。紛うことなき在位中の死である。しかし、これまで述べてきたように、中世では天皇が死ぬことは許されていない。四条の事例においても、後嵯峨の践祚まで十二日間の空位期間は「諸事御平生《へいぜい》の時の如《ごと》く」（『御《ご》葬礼記《そうれいき》』）と、生きている建前で四条朝廷は平常業務であった。後継者が後嵯峨に決定後、「如在之儀」にて譲位を行い四条上皇となり、ようやく死が認められたのである。

入棺は、俗体の近臣六人と、僧体の近臣二人の計八人（『御葬礼記』では九人）により行われ、後白河葬同様に四位以下の近臣の役目となっていたことがわかる。葬送に関しては、「不死の天皇」の始まりとされる長元《ちょうげん》九年（一〇一六）の後一条《ごいちじょう》天皇の葬送例に準じて行われた。泉涌寺への移送は、あくまで御幸《みゆき》（上皇の外出）の体すなわち「平生之儀」にて、内裏から糸毛車《いとげのくるま》を用いて行われた。本来なら、内裏からではなく、徳大寺実基《とくだいじさねもと》の邸を葬家とし、上皇の乗り物である八葉車《はちようのくるま》にて移送するはずが、糸毛車（皇后などの女性用の牛車）しか手に入らず、内裏から直接泉涌寺へ移送したという。

葬場までの御幸だが、公卿を伴い行粧《ぎょうそう》をしたためて上皇の外出という体をなす。御幸に従うことを供奉《ぐぶ》といい、百官総出の国家的葬儀であった古代とは違い、中世では外戚や素服を賜った近習中心の構成となる。そして、摂政・関白や、現任大臣などの高位高官の供奉も稀になり、「イエ」的儀礼の様相を強めていく。

だが、四条の供奉公卿を見ると、現任大臣二人、前任大臣一人が供奉しており、四条崩御後に記された橘成季《なりすえ》の説話集『古今著聞集《ここんちょもんじゅう》』では以下のように記している。

> 葬送の行幸には、左大臣（二条良実《よしざね》）・右大臣（一条実経《さねつね》）・前内大臣（大炊御門家嗣《おおいのみかどいえつぐ》）（以下、供奉人の列挙のため中略）、衣冠《いかん》に纓《えい》を巻き、藁沓《わらぐつ》を履《は》いて供奉し、目もあてられない状況である。四条天皇時代の蔵人《くろうど》経験者六人も、同じく衣冠に纓を巻きて、火を灯して、四条が乗る牛車の左右に仕え、前後に多数の武士を従えている。その夜、泉涌寺の上の山に埋葬し、人々の心中は推し量ることができる。大臣三人が供奉することは、昔もなかったのではなかろうか。

供奉公卿は、公家の正装である衣冠に、凶事を表すため冠の後ろの纓を巻く巻纓《けんえい》、そして藁沓を履くという装束をした。そして、天皇の秘書的役割である蔵人経験者はみな付き添い、松明に照らしながら哀傷の雰囲気を演出した。

四条の葬送には、左右大臣・前内大臣と、現役を含む大臣経験者が三人も供奉した。記主の成季は、大臣が三人も供奉することは、きわめて珍しい事象と述べる。たしかに、四条葬以降、大臣や摂関家が供奉することは、きわめて珍しくなる。なお、鎌倉幕府成立前後までさかのぼると、関白や大臣が供奉した例は数例見出すことができる。

在位中に崩御した久寿《きゅうじゅ》二年（一一五五）の近衛天皇葬では、関白藤原忠通《ただみち》が、巻纓と藁沓に白杖《はくじょう》という、典型的な供奉者の出で立ちにて近衛最期の行幸に参仕している。忠通は、長女の皇嘉門院《こうかもんいん》聖子が近衛の養母であり、養女の九条院《くじょういん》呈子が近衛中宮と、外戚である。忠通は近衛から信頼されており、危篤時に面会を許されたごくわずかの廷臣であり（のちに保元の乱で対立するライバルの藤原頼《より》長《なが》は許されなかった）、近臣中の近臣ともいえる。このような背景が、忠通を供奉させたのであろう。ちなみに、摂政・関白の供奉は、中世的天皇葬儀が成立したとされる後一条葬以降、現代に至るまで、後一条葬の関白藤原頼通と、この忠通の二例のみである。前関白を含めるのなら、古代的天皇葬が復活したとされる慶応《けいおう》二年（一八六六）の孝明《こうめい》天皇葬送において近衛忠熙《ただひろ》が供奉している。よって、摂政・関白の供奉はかなり稀な事例といえる。

複数の現任大臣の供奉例では、保元元年（一一五六）の鳥羽法皇の葬送において太政大臣藤原（三条）実行《さねゆき》と内大臣藤原（徳大寺《とくだいじ》）実能《さねよし》が供奉している。実行と実能は兄弟であり、崇徳・後白河両天皇の国母《こくも》（天皇の母）の待賢門院《たいけんもんいん》璋子の兄である。待賢門院は鳥羽の中宮であるから、実行・実能兄弟は鳥羽の義兄にあたるれっきとした外戚である。このような鳥羽との親密さが供奉の要因であろう。

建久《けんきゅう》三年（一一九二）の後白河法皇の葬送においても右大臣藤原（花山院《かざんいん》）兼雅《かねまさ》が供奉している。兼雅は外戚ではないが、後白河の信任厚く、平氏政権に与したことからいったん追放されるものの、大臣にまで登りつめる。近臣としての立場が供奉に至らせたのであろう。

つまり、中世天皇葬送への供奉は、官職によるのではなく、天皇との血縁関係や親密さに左右される。当然、諒闇《りょうあん》・倚廬《いろ》儀・固関《こげん》など、太政官により運営される国政としての葬礼もあるが、葬場までの供奉や葬儀場での参仕は、縁者や近臣に限られる「イエ」的儀礼といえよう。

見られなくなる大臣の供奉

　このような視点から、四条葬における稀な大臣三人供奉例も、当然、近衛や鳥羽の事例と共通点を見出させる。実は、左大臣二条良実と右大臣一条実経は兄弟である（53頁　系図2）。父はこの時期の朝廷のフィクサーともいえる九条道家《みちいえ》である。道家は順徳天皇の義弟にあたり、懐成王（仲恭天皇）の外戚として権勢を振るった。さらに、三男の藤原（九条）頼経《よりつね》を源実朝《さねとも》死去後に四代将軍として鎌倉に送り、幕府とのパイプを築く。承久の乱により一時失脚し、廃帝となった懐成を預かるが、長女の竴子（のちの藻璧門院）を後堀河天皇の後宮とし復権する。娘の竴子は、四条天皇を生み再び外戚の座を手に入れ、朝廷の最高権力者として君臨するが、残念ながら四条は早世する。皇統が土御門「天皇家」の後嵯峨天皇へと移ると、次第に勢いが衰え失脚し、哀れな最期を迎えた。

　道家の失脚はさておき、道家の息子良実・実経兄弟は、四条母の藻璧門院の弟であり、さらに、早世した兄九条教実《のりざね》の娘で四条後宮の宣仁門院《せんにんもんいん》彦子の叔父にあたる。これだけの血縁関係を築いていることからも、外戚としての立場が、大臣である良実と実経を供奉させたのだろう。そこに、四条の皇太子時代の春宮大夫《とうぐうだいぶ》（皇太子の家政機関の長）であった大炊御門家嗣が、近臣として供奉したため大臣三人という稀有な事例になったといえる。

この事例以降、江戸時代まで、現任の大臣供奉例は後述する室町将軍足利義満が左大臣にて供奉した事例のみである。摂関家の供奉も四条葬を境に見られなくなる。後堀河・四条の外戚として権勢を誇った九条道家以降、しばらく摂関家が外戚となることはなく、中宮の多くは鎌倉幕府との交渉役である関東申次《かんとうもうしつぎ》を世襲する西園寺《さいおんじ》家から出ることとなる。血縁関係の希薄さが供奉から遠ざけたのであろう。

また、摂関家は他の公家とは違う、超越的な権門を築いている点にも留意しなければならない。王家に準じる権門の長が、天皇家の家政に携わる近臣中心の「イエ」的葬儀へ供奉することは、やはり次元が異なるのであろう。

さて、皇統の交替という状況で律宗の泉涌寺が葬場となったが、御前僧《ごぜんそう》は、興福寺三人、東大寺一人、延暦寺三人、園城寺三人、東寺二人の計十二人と、いわば顕密寺院総出で勤め、顕密寺院が〝いいとこ取り〟の様相であった。それでも、律宗寺院が王家の葬所となったという先例を築くことができ、四条葬後の両統迭立期こそ存在感を表すことができなかったが、室町期になりこの先例がモノをいうようになる。

第四章　両統迭立と天皇葬儀・追善仏事

両統迭立とそれぞれの流儀の確立

王家の正統の座は、順徳《じゅんとく》「天皇家」から承久の乱により後高倉《ごたかくら》「天皇家」（後高倉は天皇に即位していないが、便宜上このように表現する）へと移った。ところが、後堀河《ごほりかわ》・四条《しじょう》両天皇の早死により、今度は土御門《つちみかど》「天皇家」へと皇統が交替した。土御門「天皇家」の長となった後嵯峨《ごさが》天皇は、王家の中での正統の座を強固なものにするために、在位わずか四年で後深草《ごふかくさ》天皇へ譲位し院政を敷いた。これにて、後嵯峨―後深草ラインで強固な皇統が築かれるかと思いきや、後嵯峨は後深草より三宮の恒仁《つねひと》を溺愛した。そのため、後嵯峨は後深草に対し弟恒仁への譲位を命じて、ここに亀山《かめやま》天皇が誕生した。

後嵯峨はさらに、後深草の皇子熙仁《ひろひと》を差し置き、寵愛する亀山の生後まもない皇子世仁《よひと》を皇太子とした。世仁は八歳にて亀山から譲位され、亀山院政のもと後宇多《ごうだ》天皇となる。亀山「天皇家」の成立である。

面白くないのは、血脈的には正統である後深草「天皇家」である。後深草は、太上天皇の尊号を辞退し出家しようとした。出家といっても、太上天皇号を辞退するからには法皇となるのではなく、一僧侶に転じることを意味する、いわばストライキである。この辞退に、鎌倉幕府との交渉役である関《かん》

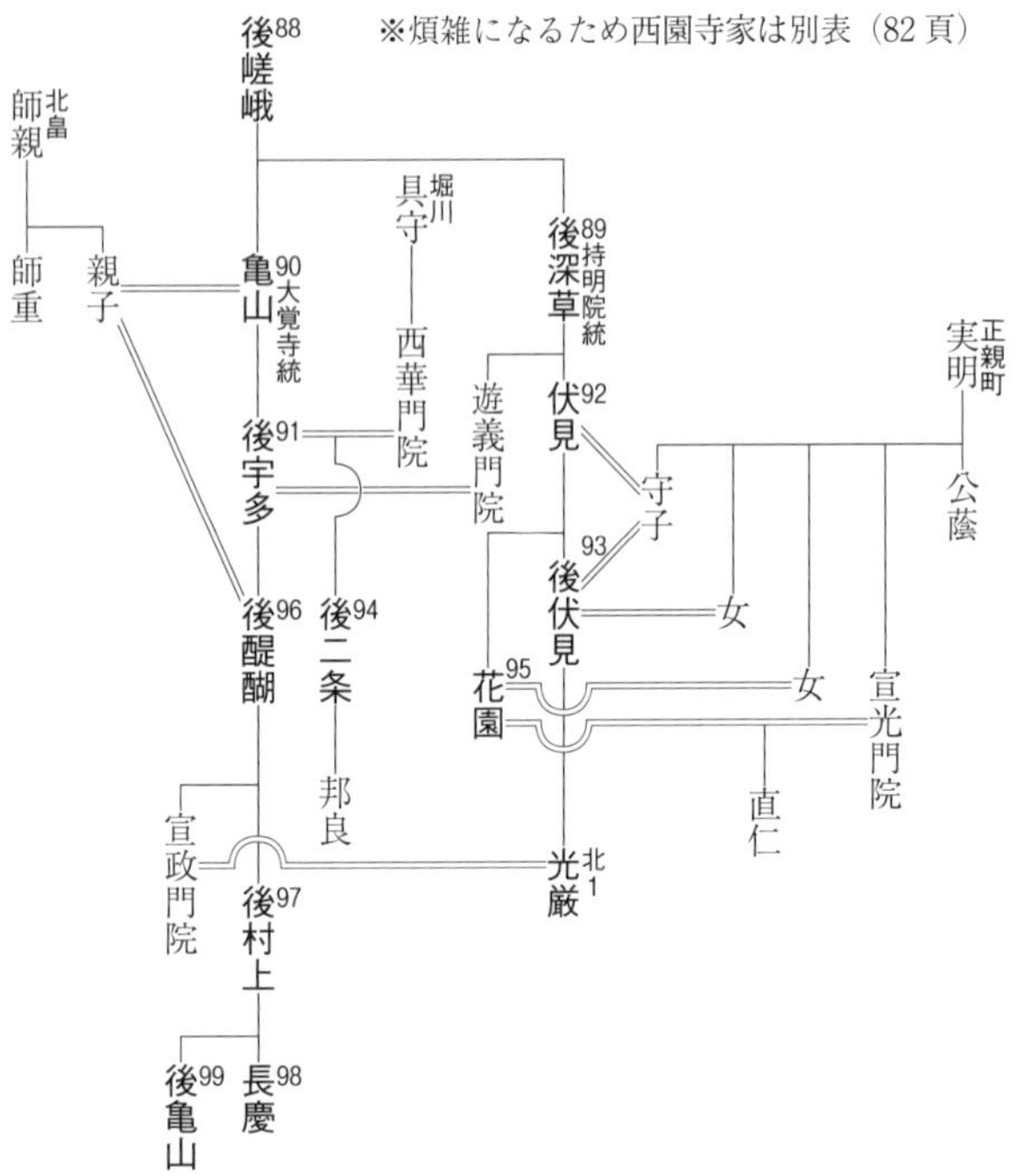

系図３　鎌倉後期天皇家関係系図

東申次《とうもうしつぎ》の西園寺実兼《さねかね》は、幕府の仲介により後深草を思いとどまらせようと画策する。

王家の皇位継承問題を持ち込まれた幕府は、〝よそのお家《うち》〟に構っている場合ではなかった。この問題が持ち上がったのは建治《けんじ》元年（一二七五）のことである。そう、一二七四・八一年の二度の蒙古襲来の時期である。幕府にとっては、二度目が予測される蒙古襲来への対策で精一杯であり、王家の相続問題などは危急の外寇《がいこう》に比べると軽微であった。

幕府の調停により、後宇多の皇太子には後深草皇子の熙仁が据えられ、熙仁は即位し伏見天皇となった。後深草「天皇家」も正統の座を維持したのである。よって、王家の中に亀山と後深草の二つの「天皇家」が並立することになった。それぞれ、亀山「天皇家」の後宇多が法皇として京嵯峨の大《だい》覚寺《かくじ》（京都市右京区嵯峨大沢町）にて院政を執ったことから「大覚寺統」、後深草「天皇家」は京北郊の持明院殿《じみょういんどの》（京都市上京区安楽小路町）を代々御所としたことから「持明院統」と呼ばれるようになった。持明院殿に併設されている御堂を安楽光院《あんらくこういん》と呼び、持明院統「天皇家」の菩提所として、その後機能することとなる。一方の大覚寺も、大覚寺統「天皇家」の菩提所となる。仏事と「イエ」が密接な関係にあることの証左であろう。

その後、二つの「天皇家」から交互に天皇を輩出するいわゆる両統迭立の現象が起こることとなる。大覚寺統と持明院統の二つの「天皇家」は、それぞれの流儀を確立し「イエ」を形成していった。その「イエ」の流儀が具現化された事象の一つが仏事といえる。近年、仏事を素材として「イエ」のアイデンティティーを抽出する研究が深化しており、長田郁子《おさだいくこ》氏（長田二〇〇一）・徳永誓子《とくながせいこ》氏（徳永二〇〇五）・白《しら》根陽子《ねようこ》氏（白根二〇一八）などにより矢継ぎ早に発表された。両統迭立期においては、皇統の交替とともに仏事主導権も交替し、後鳥羽と後嵯峨への法華八講《ほっけはっこう》（法華経八巻を八座に講説し追善法会を行う）が重要視され、それぞれの「天皇家」が追善仏事を通じて後鳥羽・後嵯峨からの正統性を誇示したことが実証されている。

海老名尚《えびななお》氏（海老名一九九三）は、国家的仏事の定義を、上卿《しょうけい》・弁官・外記《げき》出席のもとの陣座《じんのざ》における僧名定《そうみょうさだめ》によって執行される仏事とする。陣座とは宮中の正規の議場のことであり、上卿は議長、弁官は太政官の実務職員、外記は書記官といったところか。つまり、国の正規の行政機関によって仏事を執行する僧が決められ、予算も当然国が支出する。政教分離を原則とする現在では考えられないような体制だが、当時はこのような形態を「公家沙汰」と呼び、国家的仏事の基本型とされる。

仏事には「外向け」と「内向け」の二つの性格がある。佐藤健治《さとうけんじ》氏（佐藤二〇〇〇）は、摂関家の行事を素材とし、内々に行う「イエ」的な仏事に対し、「外向け」の仏事は、主催する家督の正当性と家の継続性（正統性）を貴族社会へ表明する性格を持つとする。つまり、ある先祖の追善供養を主催する者こそ、その先祖の正当そして正統なる後継者であり、そのことを外に向けて発信するツールが「外向け」の仏事なのである。佐藤氏は、年忌仏事を「イエ」のアイデンティティーを強力に意識した行事と位置付ける。王家においても、天皇追善の法華八講のような国家的仏事を主催する者こそ、追善対象の天皇の正当かつ正統なる継承者ということができよう。

鎌倉期の皇統変化と追善供養

このような理論を用い、鎌倉時代の皇統の変化と追善供養を論究したのが、先にあげた長田・徳永・白根各氏である。

長田氏は、承久の乱による順徳流の一時廃絶により、即位することなく尊号を得た後高倉院こと守《もり》貞《さだ》親王への法華八講をまず考察した。後高倉への法華八講は、後高倉妃である北白河院《きたしらかわいん》陳子主催により、後高倉の院司《いんじ》が奉行を勤めるという「イエ」的な追善仏事であり、太政官により催される国家的仏事ではなかった。しかし、後高倉流の正統化を目指す後高倉「天皇家」の努力が実り、貞永《じょうえい》元年（一二三二）からは、「公家沙汰」による仏事への転換が成功し、国家的仏事にて弔われることとなった。先の理論に当てはめるなら、後高倉は国家的仏事の法華八講にて追善される正統の祖ということであろう。

この背景は、主宰者である後堀河天皇が後高倉の実の子であり、本来の正統であった順徳流がこの時点ではまだ幕府によって排除されたままであったことであろう。なにより、仏事費用が賄える所領が北白河院領として確保されていたこともあげられる。やはり、〝先立つもの〟があっての話である。

一方、後鳥羽—順徳流の正統復帰への望みを繋ぎたい順徳「天皇家」は、後鳥羽天皇妃で順徳天皇生母の修明門院《しゅうめいもんいん》重子が、後鳥羽と順徳の追善供養を「イエ」的仏事にて主催する。彼女は、佐渡へと配流された不遇の息子の残された皇子たちを養育し、姑七条院《しちじょういん》殖子の面倒もみた。その甲斐あって、七条院領を相続するが、晩年に邸宅へ強盗が押し入り丸裸にされるという災難に遭っている。

正統復帰を夢見て耐えに耐えた女院だったが、四条天皇崩御後に、順徳の血脈を引く孫忠成《ただなり》王がライバル土御門流の邦仁《くにひと》王（後嵯峨天皇）に敗れ、順徳流の正統復帰には至らなかった。それでも、順徳・土御門両院の父である後鳥羽を弔う仏事に関しては、建長《けんちょう》元年（一二四九）から「公家沙汰」となり、後鳥羽は国家的仏事の法華八講にて追善される正統の祖に返り咲くこととなった。

そのライバルの土御門流は、後嵯峨が即位するまでは不遇であった。修明門院と同じく後鳥羽妃である承明門院《しょうめいもんいん》在子は、土御門天皇の生母である。承明門院も息子土御門の菩提を弔うため追善仏事を催すが、当時の後高倉「天皇家」は、土御門の追善仏事には冷たい対応であった。順徳「天皇家」の場合は、後鳥羽の遺領をある程度相続していたので、国家的ではないにしろ「イエ」的な追善仏事を開催することができたが、土御門「天皇家」は〝先立つもの〟がなく、承明門院自身の生活も困窮していたという。

そんな折、降って湧いたのが四条の早世である。王家の中では傍流扱いであった土御門流が、幕府の後ろ盾により、順徳流を差し置き、次期天皇の座への白羽の矢が立ったのである。孫の思わぬ登極に、これまで不遇であった祖母承明門院の感慨は深いものであったであろう。だが、即位＝正統の座ではない。天皇を輩出することに成功した土御門「天皇家」は、今度は王家の中の正統の座争いに勝たねばならないのであった。

公家社会の中にはいまだ順徳「天皇家」を正統視する者が多く、後嵯峨は両流の共通の祖、後鳥羽の追善に目を付けた。後嵯峨による後鳥羽追善を述べた白根氏は、それまで後鳥羽の追善仏事主催権を掌握していた順徳「天皇家」（具体的には修明門院）から、その主催権を接収することにより、自らの皇統の正統性を誇示しようとしたとする。後鳥羽の追善仏事においては、仏事の主催権とその費用を捻出する所領はともに順徳「天皇家」が掌握していた。そこで、土御門「天皇家」の家長後嵯峨は、まずは後鳥羽—土御門—後嵯峨の正統性付与のために仏事の主催権を接収したのである。それまで私的に行われていた後鳥羽追善仏事を、天皇の権力により「公家沙汰」すなわち国家的仏事へと昇格させ、公に後鳥羽の菩提を弔うことにより、後嵯峨「天皇家」の正統化を図ったのである。

後嵯峨はさらに、王家において偉大なる祖としての意識が強い白河《しらかわ》・後白河《ごしらかわ》の追善のための法華八講も「公家沙汰」として執り行なった。これにより、後嵯峨「天皇家」こそ白河・後白河・後鳥羽からの正統であるということを公家社会へと猛烈にアピールしたのである。

その甲斐あり、寛元《かんげん》二年（一二四四）には、父土御門への「公家沙汰」による国家的仏事として法華八講を催すことができた。ついに、土御門は正統の祖の座を得たのである。だが、その直後に起こってしまったのが両統迭立である。後嵯峨自身、正統の座を得るために苦心したのにかかわらず、息子後深草・亀山両天皇の代であっけなく「天皇家」を割ってしまうとは、なんという皮肉であろう。それほど、個人の好き嫌いというのは、歴史を動かすのであろうか。

持明院統・大覚寺統の両統迭立期では、皇統の交替のたびに仏事主催権も交替し、皇統が異なる先祖に対する仏事は行わないところに特徴がある。また、両統の共通の祖となる後鳥羽と後嵯峨への法華八講は、どちらに主催権がわたっても公的に弔われるようになる。ただし、両統の内、持明院統のほうが正統性の誇示が弱いところがあり、鎌倉幕府と協調路線を取ることによりその脆弱面を補完していくこととなる。

大覚寺を中心に行われた大覚寺統の仏事

さて、話を葬儀に戻そう。大覚寺統・持明院統は「持明院」「大覚寺」それぞれ寺院名を冠しており、両統迭立期の天皇葬儀は当然、これらの寺院が葬儀や追善仏事に関わってくる。

まず、両統の祖となる後嵯峨天皇の葬礼だが、実はさほど史料が現存してなく、後世の史料から辿ることとなる。後世の史料といっても、過去の天皇と同じ状況になった場合に先例として登場するので、そう信憑性に乏しいものではない。

後嵯峨は蒙古襲来直前の文永《ぶんえい》九年（一二七二）二月に嵯峨の寿量院《じゅりょういん》にて崩御した。後嵯峨はすでに出家しており、嵯峨に居所を構え、寿量院はその敷地内にある。嵯峨殿ともいわれるこの御所は、亀山殿（現在の京都市右京区嵯峨天龍寺）が一般的な名称であり、その名の通り後嵯峨が寵愛した亀山天皇の御所として用いられた。御所には、浄金剛院《じょうこんごういん》などの子院《しいん》が付属している。現在地が示しているように、のちに天龍寺《てんりゅうじ》へと改変される。

後嵯峨の葬儀記録は、皇子亀山の日記に記されたとされるが、その日記は現存していない。しかし、室町後期の後花園《ごはなぞの》天皇の葬儀の際に、先例として後花園の忠臣甘露寺親長《かんろじちかなが》の日記『親長卿記』の裏表紙に『後嵯峨院崩御記《ごさがいんほうぎょき》』なるものが書写されている。これが本当に亀山の日記を書写したものなのかは確定していないが、すべてが後嵯峨葬儀のフィクションとは考えられない。

この記録によると、後嵯峨は縁者・近臣参列のもと荼毘に付され、御所敷地内の浄金剛院に納骨されたようである。浄金剛院は、後嵯峨が浄土宗西山《せいざん》派によって開山させた寺院であり、骨の管理は顕密寺院ではなく、浄土宗が行なったことになる。歴史物語である『五代帝王物語』や『増鏡』の記述が真実なら、葬儀委員長ともいえる凶事奉行は院司にして外戚の前左大臣洞院実雄《とういんさねお》と、側近中の側近の中納言中御門経任《なかみかどつねただ》である。同じ敷地の薬草院を葬場とし、入棺の儀は素服を賜った近臣たちにより親王以下の親族が見守る中、執り行われた。まさに、縁者・近臣による「イエ」的儀礼である。

次に、嘉元《かげん》三年（一三〇五）九月に崩御した亀山天皇葬の事例を取り上げる。薄葬化の端緒である嵯峨天皇崩御時のように遺詔奏《いしょうそう》によって任葬司《にんそうし》・国忌《こっき》・素服《そふく》・挙哀《きょあい》・山陵を停止した。当時登極中の天皇は、同じ大覚寺統の後二条《ごにじょう》天皇である。後二条は天皇の喪服である錫紵《しゃくじょ》といわれる浅黒色の闕腋《けってき》の袍《ほう》を着し、祖父の喪に服した。その後、天皇の政務を停止する廃朝《はいちょう》、三関を封鎖する固関《こげん》を宣下した。葬場は、居所であった嵯峨の亀山殿で執り行われた。参列者は、南北朝期成立の歴史物語『増鏡』に「入道の正親町三条《おおぎまちさんじょう》公貫《きんつら》や、大納言の北畠《きたばたけ》師重《もろしげ》などは、とりわけこころざし深く、茶火の果てるまで、墨染の袖を顔におしあてつつ参列した」と、素服を賜った大覚寺統の側近や縁者（師重は亀山女御の兄妹〈68頁　系図3〉）が参仕したことがわかる。すなわち、中世的な「イエ」的儀礼により葬送が行われたのである。そして、そのまま亀山殿敷地内へと埋葬された。

葬場となった亀山殿では、法華八講をはじめ多くの仏事が執り行われた。その後、後醍醐天皇の追

亀山天皇画像　東京大学史料編纂所蔵模写

善のために天龍寺へと改変されるが、詳しくは後述する。

嵯峨には嵯峨天皇の御所を寺に改めた大覚寺もあり、一時衰退していたようだが、後嵯峨・亀山・後宇多上皇が入寺することにより再び勢力を取り戻した。その中でも後宇多は伽藍《がらん》を整備し、院政の拠点とした。このことが「大覚寺統」の由来となる。

大覚寺統の天皇経験者で、次に崩御したのが後二条である。後二条は、徳治《とくじ》三年（一三〇八）に二十四歳という若さで在位中に崩御した。二条高倉殿で崩御したが、先の『増鏡』によると、持明院殿にいた持明院統の十二歳の富仁《とみひと》王が、土御門《つちみかど》東《ひがしの》洞院殿《とういんどの》へ行啓《ぎょうけい》し、剣璽《けんじ》渡御《とぎょ》の儀を行い、ここに花園《はなぞの》天皇の践祚《せんそ》が成立した。後二条の皇子邦良《くによし》王は幼少の上、病気を患っており、皇位は再び大覚寺統から持明院統へと移ったのである。

なお、花園が天皇即位前にいた持明院殿は、現在の京都市上京区の安楽小路《あんらくこうじ》町にあったとされ、もともとは持明院家の祖藤原基家《もといえ》の邸宅であったが、持仏堂が建立されていることから寺院扱いで持明院と名付けられた。中世には里内裏《さとだいり》や仙洞《せんとう》御所として機能し、邸宅内の仏閣は安楽光院といい、のちに持明院統の菩提所となる。伏見・後伏見・花園・光厳《こうごん》・光明《こうみょう》上皇と歴代持明院統の仙洞、崇光《すこう》天皇の皇居として活躍したが、文和《ぶんな》二年（一三五三）に安楽光院だけを残し焼亡した。

さて、『増鏡』は歴史物語だが、南北朝期の有職故実《ゆうそくこじつ》に長ける洞院公賢《きんかた》の日記『園太暦《えんたいりゃく》』にて、「それぞれ別の場所で禅譲《ぜんじょう》（皇位を譲る）を行なった先例」としてこの事例が登場しており、『増鏡』の内容を補完する。

これまた後世の編纂物だが、江戸後期に柳原紀光《やなぎわらのりみつ》によって編纂された歴史書『続史愚抄《ぞくしぐしょう》』に、後二条の践祚の詳細が記録されており、「如在之儀」による譲位・受禅の儀が見て取れる。在位中の崩御ながら、後二条「天皇」は、後二条「上皇」として葬られたのである。

葬儀は、崩御した二条高倉殿は内裏のため、ここで葬儀を行えば死穢の観念からも何のための「如在之儀」かわからなくなるので、北白川殿《きたしらかわどの》にて行われた。だが、北白川殿の様相はあまりわからない。埋葬後、すぐに北白川陵《きたしらかわのみささぎ》としていることからも、さほど機能的な御所ではなかったのではなかろうか。

『増鏡』では、後二条の外祖父堀川具守《とももり》が出棺の際、車寄《くるまよせ》とも呼ばれる車を寄せて簾を巻き上げる御簾《みす》役に奉仕したことが記されている。御簾役は参列者の筆頭としての意味もあり、後二条生母の西《せい》華門院《かもんいん》基子の父具守がその象徴的な役を勤めたといえよう。ただし、『増鏡』では、外戚のおかげで大将まで出世したのに、具守が素服を着さなかったことへの皮肉めいた批判が記されている。

後二条葬礼への国家としての対応は、廃朝・固関・遺詔奏といった中世天皇の定番の葬礼も見出すことができる。ただし、天皇が錫紵を着し喪屋である倚廬《いろ》に籠もる倚廬儀が確認できない。これは、後二条と花園の血縁関係が遠いためであろう。

次に、正中《しょうちゅう》元年（一三二四）に崩御した後宇多法皇の事例を見てみる。後宇多は、密教に傾倒していたことが知られ、その資質は皇子の後醍醐《ごだいご》天皇も引き継いだとされる。崩御時は、自らが再興した大覚寺におり、登極中の天皇は後醍醐であった。葬送は、大覚寺境内にある蓮華峰寺《れんげぶじ》にて行われた。蓮華峰寺は陵寺と位置付けられ、後宇多の生母京極院《きょうごくいん》佶子の墓所であり、母の眠る地に合葬されたのである。さらに、父亀山、子後二条、寵愛した妃遊義門院《ゆうぎもんいん》（後深草天皇皇女姈子内親王）の分骨合葬も行われ、後宇多「天皇家」はまさに〝一堂〟に会したのである。火葬と土葬の別は史料上では判然としないが、蓮華峰寺は、堂内に納骨のための五輪塔を有する八角円堂を淵源に持つため、後宇多は荼毘に付されて五輪塔に納骨されたと考えるのが妥当であろう。

ライバル持明院統の花園上皇の『花園天皇宸記《しんき》』は、後宇多の死去の事実と、院の事歴と批評を記すだけで葬儀の記述が皆無である。大覚寺統「天皇家」と持明院統「天皇家」、二つの「イエ」はお互いの「イエ」的儀礼には関わっていないということであろう。両統迭立期の葬儀も、各「天皇家」による「イエ」的儀礼なのである。

国政機関による葬礼については、後宇多と後醍醐は父子関係であることや、後世に異例の先例として登場してこないことからも、廃朝・固関・遺詔奏などの諸儀礼は行われたと考えられる。『増鏡』からも、ご多分に漏れず後醍醐も錫紵を着し、父の喪に服したことが読みとれる。

後宇多の追善は、父の密教傾倒路線を引き継いだ後醍醐により、大覚寺統ゆかりの大覚寺で修されるのが慣例となる。建武《けんむ》政権下の建武二年（一三三五）には、「公家沙汰」にて後宇多の十二回忌の曼荼羅供《まんだらく》が大覚寺にて執り行われている。曼荼羅供とは、胎蔵《たいぞう》界と金剛《こんごう》界の両界曼荼羅の諸尊を供養し祖先を弔う、密教式の追善祈祷である。

しかし、南北朝の争乱により後醍醐は吉野に引き籠もることを強いられる。当然、後醍醐が大覚寺のある北朝勢力下の洛西嵯峨に赴くのは困難であり、吉野の地で、曼荼羅供を催すこととなった。導師を勤めたのは文観房弘真《もんかんぼうこうしん》である。弘真は中宮の安産祈願に偽装し、鎌倉幕府調伏の祈祷を行い、幕府に発覚後、現在の鹿児島県の硫黄島《いおうじま》へ配流された密教僧である。建武政権成立によって京に戻り、東寺長者や醍醐寺座主《だいごじざす》に補任されるが、後醍醐という後ろ盾を失った後は不遇であった。しかし、南朝により東寺長者へ補任されたと考えられ、吉野界隈では彼は立派な東寺長者なのである。当然、京に戻れば、現任の東寺長者と見る者はいないのだが。

後深草の葬儀と深草法華堂の建立

持明院統「天皇家」の天皇葬儀を見る上でキーワードとなるのが、「寺家請負」と「禅宗」であろう。先に、大石雅章《おおいしまさあき》氏（大石二〇〇四）が、鎌倉末から南北朝期にかけて、顕密僧と禅僧・律僧・念仏僧との分業体制による寺家請負制が確立されたことを指摘したと述べた。持明院統「天皇家」の葬儀においてはこの体制が顕著であり、「一向沙汰」と呼ばれる、すべてを寺院に任せてしまうという現象が見られるようになる。その顕著な例が入棺であろう。

鎌倉中期までは、後白河葬や四条葬で述べたように近臣が行なっていた。近臣は、素服を賜り喪に服すので、死穢《しえ》とはいわば〝お友達〟のようなもので、忠臣として主君の死穢を甘んじて受けたといえよう。しかし、嘉元二年（一三〇四）の後深草法皇の入棺までは近臣が携わったが、文保《ぶんぽう》元年（一三一七）の伏見法皇の葬儀では浄土宗西山派の僧が行い、その後は僧侶による「一向沙汰」となった。

まずは、持明院統の祖である後深草の葬儀を見てみる。後深草の葬儀記録は『後深草院崩御記』が詳しい。当該記録は鎌倉幕府と朝廷の仲介役である関東申次《かんとうもうしつぎ》の西園寺公衡《きんひら》の手によるものである。

後深草崩御時の天皇は後二条天皇であり、その他、王家の登極経験者は、大覚寺統の亀山法皇と後宇多上皇、持明院統の伏見上皇と後伏見上皇がおり、実に六人が生存していたことになる。

後深草が崩御すると、皇太弟の富仁（花園天皇）が兄後伏見のいる二条富小路殿に移り、当時の王家の家長「治天の君」の後宇多は雑務を停止し喪に服した。天皇である後二条も、恒例となった廃朝・固関・遺詔奏を宣下した。これら一連の儀礼は、天皇経験者の死であることの認定儀礼ともいえよう。

一方、死者との血脈確認儀礼ともいえる、天皇が錫紵を着し倚廬に籠もる倚廬儀においては、後深草＝持明院統、後二条＝大覚寺統という皇統の壁がある。後二条が崩御したときに花園が、血縁関係が遠いため倚廬儀を行わなかったことは先に述べた。後二条にとって、後深草は後二条の祖父亀山の弟すなわち従祖父であり、血縁的には遠く、ましてはライバルの皇統である。だが、後二条は錫紵を着し喪に服した。その理由は同時代史料からは見出せないが、南北朝期の記録から「外祖父」による儀と記されている。

後二条の外祖父を探ると、後深草の皇女遊義門院姈子が後二条の准母として見出せる。遊義門院は、後宇多と合葬されたと先に述べたが、大覚寺統の後宇多と、持明院統の後深草の娘姈子は皇統を超えた大恋愛であったことが『増鏡』に綴られている。もちろん、『増鏡』は歴史物語だから脚色もあろうが、後二条が外祖父を理由に錫紵を着したという事実の要因を探るなら、准母遊義門院の線でたどるのが妥当であろう。当時の治天の君は後宇多であるから、寵愛する遊戯門院の父すなわち自身の義父の死に対し、息子後二条を喪に服させたのではなかろうか。

さて、後深草の遺体は、伏見の深草山に運ばれ荼毘に付された。そして、遺詔により後深草院の追号が贈られた。この葬送において、子の伏見は葬列の身なりである藁沓《わらぐつ》を着し、富小路殿敷地内限定ながら供奉した。天皇経験者の供奉は例がないため、伏見にとっては精一杯の父への哀悼表現であろう。その後、伏見は父が眠る深草の近く伏見殿を喪屋とし中陰《ちゅういん》儀礼を行なった。この中陰儀礼には、亀山法皇も伏見殿まで赴き御経供養を修している。伏見殿には、後深草葬送日に伏見とともに遊義門院も移っており、四十九日には七僧法会を修している。両統に愛される遊義門院姈子の存在こそが、このような両統参加の追善仏事を演出できたのであろう。

	配偶者	父	子
姞子	後嵯峨	実氏	後深草／亀山
公子	後深草	実氏	
成子	後深草	公経	
相子	後深草	公相	
嬉子	亀山	公相	
瑛子	亀山	実兼	
鏱子	伏見	実兼	
寧子	後伏見	公衡	光厳／光明
禧子	後醍醐	実兼	宣政門院

表　鎌倉後期西園寺家出身の後宮一覧

しかし、葬送儀礼に目を向けると、入棺は四条隆政《たかまさ》（隆政自身は病気のため後日出仕）・藤原家相《いえすけ》など院司を中心に近臣十人にて行なっており、これ以降、入棺は僧の沙汰となる。また、素服を賜ったのは遊義門院以下の王家内の後深草の縁者、『後深草院崩御記』の作者で後二条の乳母父でもある西園寺公衡（前右大臣）、後二条の外祖父堀川具守（大納言）や持明院統「天皇家」と縁戚関係を持つ正親町実明《おおぎまちさねあき》（前大納言）などであった（68頁　系図3）。具守は、娘西華門院基子が後二条の実母であり、大覚寺統「天皇家」の外戚である。後深草への素服を賜ったのもやはり後二条准母である遊義門院との関係であろう。ただし、公衡も具守も素服を辞退した。公衡に至っては、葬儀委員長ともいえる凶事奉行を拝命するもこれも辞退する。後深草は長年忠臣であった公衡に崩御後のことを託したとされるが、奉行と素服の辞退は伏見上皇との遺恨となった。それでも、公衡は弟公顕《きんあき》を素服人とし、内々に葬儀に関与し、詳細な葬儀記録を残す。具守のほうは、先に述べたように孫の後二条の葬儀時も素服を辞退しており、彼自身何かしらの考えがあってのことだろう。

葬送への供奉は、実明以下、高倉経守《つねもり》・中御門為方《ためかた》兄弟など近臣たちにより組まれ、後深草「天皇家」の「イエ」的行事の性格を見出せる。しかし、公衡とともに大覚寺統の亀山や後深草皇子の伏見も内々に見学したことが記されている。また、素服を辞退した公衡と具守は火葬時には葬場殿の荒垣の外にて見守った。伏見も遠くで父の荼毘を見た。さらには、四条天皇以降、参列が見られなくなる摂関家からも九条忠教《ただのり》（前左大臣）・一条内実《なかざね》（内大臣）が垣外にて内々に見学した。

中世天皇家の葬儀は「イエ」的儀礼にて、縁者・側近の供奉が行われ、現任大臣や摂関家などの供奉は公式には見られないが、公衡の記録から、内々に見学したことがわかる。彼らは、決して無関心ということではないのである。

深草法華堂図　「山陵図」　国立公文書館内閣文庫蔵
外池昇編『文久山陵図』（新人物往来社、2005年）より転載

後深草葬儀で注目すべき点は、その後十一人の天皇の納骨堂となる深草法華堂《ふかくさほっけどう》の建立であろう。後深草は生前、深草の平経親《つねちか》の山荘近辺に山作所《さんさくしょ》を設け、納骨堂である法華堂の建立までは、山荘の敷地内にある経親が管理する安楽《あんらく》行院《ぎょういん》（持明院殿の安楽光院とは別）の仏壇下に遺骨を安置するよう指示した。深草法華堂は、後深草崩御の翌年に落慶供養を行い、子伏見、孫後伏見の両上皇が見守る中、その遺骨が納骨された。後深草以降、実に伏見・後伏見・後《ご》光厳《こうごん》・後円融《ごえんゆう》・後小松《ごこまつ》・称光《しょうこう》・後土御門《ごつちみかど》・後柏原《ごかしわばら》・後奈《ごな》良《ら》・正親町《おおぎまち》・後陽成《ごようぜい》といった持明院統「天皇家」代々の天

皇の遺骨が安置されたことになる。よって、古代的天皇の葬送に見られる山陵を造営し土葬にて埋葬するという形式は、幕末の孝明《こうめい》天皇埋葬まで途絶えるのである。

持明院統で画期となった伏見の葬儀

次に、文保元年（一三一七）の伏見法皇の葬儀を紐解く。伏見は持明院殿にて五十三歳の生涯を閉じた。登極中の天皇は伏見の実子花園天皇であり、父帝の崩御であるから、当然錫紵を着し諒闇《りょうあん》（服喪）とするのが普通の流れであろう。しかし、花園は即位する際に、兄後伏見の猶子《ゆうし》として天皇位に即《つ》いた。天皇位は親から子へ継がれるのがしきたりであり、たとえ兄から弟であっても、親子の建前で皇位継承される。猶子とは、養子ほどの親子関係ではなく、形式的な親子関係を表す語である。新田一郎《にったいちろう》氏（新田二〇一一）は、「天皇家」はこのような擬制《ぎせい》（猶子関係）を交えてでも直系を継承する仕組みにて成型されるとする。よって、実の父であっても形式上は伏見—後伏見—花園の三世代であり、花園は兄後伏見を〝父〟、父伏見を〝祖父〟としてこの葬礼に臨んだ。これにより、祖父への諒闇を行わず軽《きょう》服《ぶく》とし、その名のごとく軽く喪に服すことにとどめた。

伏見の遺体は近臣供奉のもと伏見殿へと運ばれ、深草にて火葬され、父後深草同様に深草法華堂へと納骨された。

大石雅章氏（大石二〇〇四）は、この伏見葬儀を一つの画期とする。後深草葬は西園寺公衡の詳細な記録があったが、伏見葬に関しては貴族による記録は乏しく、御前僧《ごぜんそう》として関与した延暦寺の慈《じ》什法印《じゅうほういん》が記録した『伏見上皇御中陰記』が分析のための根本史料となる。この点をとってみても、寺家請負への移行がうかがえよう。

まず、大石氏は浄土宗西山派の浄金剛院長老が「一向沙汰」したことを指摘し、後深草の入棺は近臣たちが行なったのに対し、伏見の入棺には近臣が携わっていなかったとする。浄金剛院は、亀山殿内にある後嵯峨の遺骨が安置されている浄土宗の寺院である。また、大石氏は、四十九日の中陰仏事になると、延暦寺・仁和寺・園城寺・興福寺といった顕密寺院の僧にて構成されていることを述べる。つまり、入棺・荼毘・納骨という遺骸を直接扱い死穢がともなう儀礼担当の寺院（浄金剛院）と、精《しょう》霊回向《りょうえこう》（死者への成仏供養）の中陰仏事に携わる寺院（延暦寺などの顕密寺院）は明確な分業体制なのである。

後醍醐天皇の建武政権崩壊直前の延元《えんげん》元年（一三三六）四月に行われた後伏見法皇の葬儀は、時代的背景もあってか史料が乏しい。後伏見は父伏見同様に持明院殿にて四十九歳の生涯を閉じた。廃朝・固関・遺詔奏などの中世天皇葬礼の典型的な国政儀礼が行われたことは判明する。そして、嵯峨野にて荼毘に付され、深草法華堂へ納骨され、遺勅により後伏見と贈号された。第十七の勅撰和歌集『風《ふう》雅《が》和歌集』の雑歌《ぞうか》によると、後伏見の遺言により、先に亡くなっていた妃守子の墓所にも分骨された。守子は後深草葬にて素服を賜った正親町実明の娘であり、はじめ伏見の後宮に入って二人の親王を生んだ。その後、洞院実泰《さねやす》の養子として、後伏見の後宮へと入り四人の親王を生んだ。父との間に少なくとも二人の子どもを宿した女性を自身の後宮へと向かい入れ、今度は少なくとも四人の子どもを儲けた。そして、死後はその墓所にも眠ることを望んだ。守子という女性は、よほど器量の良い女性であったのだろう。

王道からはずれた花園葬

次に、南北朝期の貞和《じょうわ》四年（一三四八）の崩御だが、鎌倉期に即位したということで本章にて両統迭立期の最後の事例として花園天皇の葬儀を取り上げる。

花園は、持明院統の中でも傍流に位置付けられる。両統迭立により矢継ぎ早に皇位継承が行われ、ついには両統とも皇太子の若齢化という現象に陥ってしまった。大覚寺統では、正統の後二条天皇が十七歳にて即位するものの二十四歳にて崩御する。そのとき、後二条皇子の邦良王がわずか九歳のため、後二条弟の尊治《たかはる》親王（のち後醍醐天皇）が中継ぎとして、邦良が成長するまで大覚寺統「天皇家」の皇太子を請け負った。一方の持明院統でも、後二条の急死を受けて、今度は持明院統の即位の番となった。しかし、十一歳で即位しわずか三年で退位した若い後伏見上皇には、しかるべき皇子がいなかった〈のちに量仁《かずひと》王〈光厳天皇〉が生まれる〉。そこで、弟花園をわずか十二歳にて即位させたのである。こちらも、正統の後伏見「天皇家」からしかるべき皇子が立太子されるまでの中継ぎである。

花園は、南北朝期の北朝天皇の間で流行する禅宗傾倒の先駆けであり、建武二年（一三三六）に出家すると、仙洞御所であった持明院殿から洛西花園の萩原殿へと移り、禅の道を追究し、その御所の敷地に禅寺の妙心寺《みょうしんじ》（京都市右京区花園）を開山した。そして、貞和四年に萩原殿にて崩御する。その御所の所在地から、花園院と追号された。

花園が崩御すると、甥の光厳はすぐさま萩原殿へと駆けつけた。光厳は、教育熱心だった叔父花園に養育され、光厳への訓戒のために花園が記した『誡太子書《かいたいしのしょ》』が残されている。

花園天皇画像　東京大学史料編纂所蔵模写

花園の葬儀も、寺家請負の色彩が濃い。故実に明るい洞院公賢の日記『園太暦』には、数ヶ所「一向聖沙汰」という記され方がされており、すべて僧の沙汰にて葬儀が執り行われたことが伝わってくる。聖《ひじり》の中心は東山太子堂《ひがしやまたいしどう》の長老であり、大石氏はこの太子堂を西大寺《さいだいじ》流律宗寺院であり、京都における西大寺の重要な末寺と位置付ける。葬儀は、この東山太子堂にて執り行われ、花園の遺体は内々の御幸の体裁で輿にて移された。この御幸には、外戚の正親町公蔭《きんかげ》が輿に沿い、その他の公卿は「雲客少々供奉」とあることから、朝廷側からは一握りの近臣が参列した程度の寺院主導の様相であろう。入棺なども太子堂側にて執り行われたようで、朝廷においても通常通り業務が行われており、あまり関与しなかったと考えられる。

さらに、中陰仏事などの追善供養は、喪所である萩原殿で行われるべきところ、葬場である太子堂にて行われた。主催は、初七日《しょなのか》が花園の寵愛した宣光門院《せんこうもんいん》実子により、「院沙汰」すなわち私的な仏事として行われた。花園は傍流であり、国家的仏事である「公家沙汰」にて追善されることはなかったのである。宣光門院は、先の花園の遺体移送に付き添った公蔭と兄妹であり、花園との間には五人の親王を授かった。二七日《になのか》は、花園皇子の聖護院覚誉《しょうごいんかくよ》の催しにより行われ、同時に宣光門院の落飾も行われた。花園の寵愛を受けた宣光門院実子は、自ら仏門にて夫の追善を修すこととなる。

花園の七七日《しちしちにち》（四十九日）前になり、ようやく廃朝・固関・遺詔奏などの中世天皇葬礼の典型的な国家儀礼が行われた。崇光天皇は、花園を准外祖父として錫紵を着し喪に服し、喪中の正月儀礼を略儀とした。

どことなく葬儀の王道からはずれた感がある花園葬だが、葬られた場所も特色がある。持明院統「天皇家」は、後深草が深草法華堂へ納骨された後、伏見・後伏見と続けざまに法華堂へと納骨された。しかし、花園は東山太子堂での葬送後、青蓮院《しょうれんいん》の敷地にある十楽院《じゅうがくいん》の後山に山作所を設け葬ったとされる。土葬か火葬かの明記はなく、十楽院上山に葬られたとしか記されていない。中世では稀な土葬にて埋葬された可能性もある。ただし、土葬されたとしても、崩御二日後の埋葬であるから、山陵造営までは至ってはいないと考えられる。

特徴が異なる両統の葬場・菩提寺

両統迭立期の葬場や菩提寺については、両統で個性があった。亀山殿や大覚寺と京の北西の嵯峨野に拠点がある大覚寺統「天皇家」は、東山近辺の北白川に埋葬された後二条天皇以外は、この二つの拠点が関与する。後二条の場合は在位中の崩御であり、内裏が京の東の二条高倉殿にあったため地理的理由であろうか。大覚寺統の後嵯峨・亀山・後宇多はみな嵯峨野で崩御しているため、葬場や埋葬地も嵯峨野近辺となったのであろう。また、真言宗の大覚寺を拠点としていることもあり、密教に傾倒していた後宇多以降、真言系の密教色が濃くなるのも特色である。

一方、持明院統「天皇家」の葬儀は固定化されている。「一向沙汰」を禅・律・念仏系の僧に託し、深草法華堂へと埋葬する流れである。喪所としては、洛南の伏見殿が用いられ、追善仏事は顕密寺院の僧によって執り行われた。ただし、花園葬だけは異色である。それは、本人が晩年に禅宗に傾倒し遁世的な傾向が強かったことと、傍流だったことが要因としてあげられよう。

葬送における寺院側の分業体制は、鎌倉期から見られた。遺骸に直接触れ、入棺や火葬といった葬送に直接に携わる禅・律・念仏僧と、精霊回向を目的とした中陰仏事や一周忌以降の追善仏事に携わる顕密の中核的寺院の僧で分業されていた。これは、禅律僧には遁世僧が多く、特殊な分野で役割を果たす僧がおり、その配下に葬送を行うための職人や非人がいたからとされる。しかし、死穢に関わる儀礼にとどまり、追善仏事には表だって関わることができず、中世の国家的法会は基本的に顕密の中核寺院が独占し続けることとなるのである。

第二部　許されなかった〝死〟

——中世後期の天皇葬礼

第一章　律宗寺院の菩提寺化と禅宗の勃興

律宗寺院の菩提寺化

前章では、大石雅章《おおいしまさあき》氏（大石二〇〇四）の論に導かれながら葬礼の分業体制について述べた。遺骸、すなわち死穢《しえ》と直接対峙したのが禅・律《りつ》・念仏系の僧侶であり、彼らは徳の高さはさておき、仏教界の世俗的地位は高くはなかった。そして、庶民の葬送に至るまで埋葬に携わる三昧聖《さんまいひじり》と呼ばれる下法師がいる。きらびやかな紫衣《しえ》をまとう高僧とは真逆であり、うらぶれた身なりでどこか影のある存在である。遁世僧《とんせいそう》でもある彼らは、宮廷と結びつく延暦寺《えんりゃくじ》や興福寺《こうふくじ》といった顕密《けんみつ》寺院に依拠しながら影の存在として、入棺や火葬といった死穢にまみれる特殊な分野を配下の非人たちとともに請け負った。そして、このような死穢にまみれたシーンは「一向沙汰」により、禅・律・念仏僧の請負となり、近臣の出番はなくなり、ついには立ち会うことすら稀となり、貴族の日記からも姿を消すこととなる。

一方、宮廷音楽が流れる中、華やかな舞台で脚光を浴びるのが顕密寺院の中核寺院の高僧たちである。彼らは死穢とは関わらず、公卿たちが参仕する中、四十九日までの中陰《ちゅういん》仏事、そして百箇日、一周忌、三・七・十三・三十三回忌といった十三仏事の御前僧《ごぜんそう》などを勤める。その中には、天皇みずから行道《ぎょうどう》（経を読みながら周囲をめぐること）などの仏教作法を所作し、伶倫《れいりん》公卿（音楽を司った公卿）らとともに楽器を弾く追善の音楽会のような御懺法講《おせんぼうこう》や、天皇が法華経を書写し祖先の追善を行う宸《しん》筆八講《ぴつはっこう》といった、衆目を集める追善仏事もある。まさに、顕密僧と禅・律・念仏僧は、追悼儀礼における「陽」と「陰」であろう。

顕密僧と禅律僧の分業体制に加え、島津《しまづ》毅《たけし》氏（島津二〇一七）は僧俗（僧侶と俗人）の分業体制・重層運営も唱える。葬送において、中世前期は顕密僧の役割とされた沐浴・入棺・荼毘は、もともと俗人の役割であるとする。顕密僧は、遺体や遺骨を守るような呪的職分、宗教者として要請される祈祷を担当し、実際の作業は俗人がしたという。その俗人の役割を、中世後期では禅律僧が行うようになった。しかし、荼毘・拾骨・納骨は相変わらず俗人の役割のままであった。ここでいう俗人とは、縁者や近臣などの「イエ」的儀礼の葬儀を支えた人々である。

その中でも、相続に関わるものとして、善《ぜん》の綱《つな》・下火《あこ》（着火）・拾骨があげられる。善の綱は、現在では仏像の手にかけて参詣者に引かせる綱などで見かけるが、ここでは棺の後ろに綱を伸ばして引くことを意味する。勝田《かつだ》至《いたる》氏（勝田二〇〇六）は、善の綱を引くことを後継者との結縁と位置付け、室町幕府四代将軍足利義持《あしかがよしもち》の葬儀時に、くじ引きで次期将軍に決定した義円《ぎえん》（のちの足利義教《よしのり》）が善の綱を引いた事例をあげた。島津氏も、下火・拾骨と併せて相続慣行として相続者が行うものとする。ちなみに、義円は当時僧体であったが、僧侶としての役目を負って参列していないため、俗人と同等に扱う。

さて、禅・律・念仏僧は顕密僧が忌避した葬送を通じて国家的法会に関わり、そして泉涌寺《せんにゅうじ》のように王家の葬所としての寺格を有すものも表れる。大塚紀弘《おおつかのりひろ》氏（大塚二〇〇六）は、南北朝期に王家と密接な関係を結んだ律院として泉涌寺・安楽光院《あんらくこういん》をあげる。泉涌寺は、仁治《にんじ》三年（一二四二）に四《し》条《じょう》天皇の葬儀を行なったことは第一部にて述べた。泉涌寺は、東山三十六峰の一峰である月輪《つきのわ》山《さん》の山麓に境内を持つ天台・真言・禅・律の四宗兼学道場であるが、律院的性格が強い寺院であった。ただし、四条葬を受け入れた経緯は決してポジティブな理由ではなく、在位中の崩御ゆえ葬場となる仙《せん》洞《とう》御所もなく、寺家においても傍流となった四条葬を受け入れることに消極的だったためである。そのため、四条葬を行なったという実績は活かされず、正統の座を大覚寺統と持明院統が争うようになってからはお呼びではなかった。

しかし、室町期は泉涌寺にとって、天皇家の菩提所を意味する「御寺《みてら》」の称号を得ることになる転換期となる。

一方の安楽光院は、藤原基頼《もとより》が邸内に建立した持仏堂の持明院に始まる。のち九品《くほん》阿弥陀仏を安置し持仏堂を安楽光院とし、基頼流の屋号を持明院とした。持明院家からは、守貞《もりさだ》親王の妃北白河《きたしらかわ》院陳子を輩出した。守貞は、前章にて述べた、承久の乱後の鎌倉幕府による後鳥羽《ごとば》「天皇家」排除の恩恵に預かり、登極経験なく太上天皇尊号を賜った後高倉《ごたかくら》院である。天皇が配偶者の実家を里内裏としたように、守貞もたびたび北白河院の実家である持明院殿を仙洞御所とした。そして、二人の実子である後堀河《ごほりかわ》天皇も、譲位後、持明院殿を仙洞御所とし、その後、持明院統の天皇・上皇の御所として用いられ皇統の名称となったことは先に述べた。そのため、殿内の安楽光院は持明院統の持仏堂として機能したのである。

しかし、文和《ぶんな》二年（一三五三）、持明院殿は放火された。この御所は当時、後伏見《ごふしみ》天皇の女御《にょうご》にして光厳《こうごん》・光明《こうみょう》天皇の生母である広義門院《こうぎもんいん》寧子の御所として用いられていた。広義門院は辛うじて退避し無事だったものの、堂内は安楽光院一宇のみ残し炎上した。安楽光院も焼失は免れたとはいえ、壁は崩れ落ち、雨水が堂内にしたたれ落ちる有様であった。衰退した殿内には牛馬が放牧され、安楽光院の本尊も盗まれ、その衰退は著しかったという。しかし、広義門院は令旨《りょうじ》を発して、泉涌寺流の永円寺《えいえんじ》の誡蓮上人をして律院に擬して再興させた。永円寺は、のちに称光《しょうこう》天皇の皇太弟小川宮《おがわのみや》の葬所ともなり、泉涌寺傘下として王家との繋がりがあることがうかがえる。

延文《えんぶん》四年（一三五九）には、建暦《けんりゃく》元年（一二一一）に薨去《こうきょ》した鳥羽《とば》天皇の皇女八条院《はちじょういん》暲子の追善仏事が安楽光院にて執り行われていることから、この頃には再興されていたのであろう。泉涌寺とは違い、安楽光院は現在残ってはいない。場所は京都市上京区の安楽小路《あんらくこうじ》町付近と考えられ、現在も地名にその名を残している。

泉涌寺と安楽光院。この二つの律院が、中世後期以降の天皇家の菩提所として葬礼を担っていくことなる。

埋葬場所においては、鎌倉後期から引き続いて深草法華堂《ふかくさほっけどう》へと納骨されていた。大石氏は、この固定化により葬送に必要な資材や人夫の軽減ができたとする。本来ならば死にあたって直ちに公卿たちの会議が開かれて、陰陽師などの意見に基づき葬所の方角及び場所を検討し選定されたが、葬所も陵墓も固定化すればそのような手続きは不必要となり、官人の担当部分が縮小するというのである。

大石氏は、葬送は泉涌寺、納骨は深草法華堂、追善は安楽光院にて顕密の中核寺院の僧侶が執り行うという、分業体制が確立されたとする。しかし、天皇葬礼の中核は国家的法会による追善供養であり、中世の国家的法会は基本的に顕密の中核寺院が独占し、禅・律・念仏僧の入り込む余地はなく、禅・律・念仏僧は、死穢に関わる葬送を担当するにとどまったと位置付ける。

禅宗の隆盛

顕密僧と禅・律・念仏僧の役割分担が達成されたかにみえた中世後期の天皇葬礼だが、南北朝期は必ずしもこのような型にはまっていたわけではない。それは、これまで顕密の陰の存在として活動してきた禅宗の一派臨済宗の勃興による。

臨済宗が鎌倉時代以降、武士階級からの帰依を受けたことは、教科書などでよく知られている。仏法王法相依に基づく王家とは違い、武士は顕密仏教のしがらみに縛られることもなく、鎌倉幕府執権北条氏の葬儀は禅宗様であった。

室町幕府においても、足利将軍家は臨済宗の五山《ござん》を庇護し、自らの葬儀や追善供養も菩提所である等持院《とうじいん》にて禅宗様の葬儀・追善仏事が催された。ただし、三代将軍足利義満《よしみつ》の子弟が次々と顕密系門《もん》跡《ぜき》に入室しているように、顕密僧がまったく関わらないということはなく、顕密僧も聴聞する中、禅宗様の法会が営まれたのである。

絹本著色後醍醐天皇像　神奈川県藤沢市・清浄光寺蔵

しかし、こと朝廷においては顕密の牙城は堅く、「天皇家」とは一線を画した天皇経験者の一部の事例を除いて、取って代わることはできなかった。そんな中、ライバル南朝の後醍醐《ごだいご》天皇の追善に関しては、公的ではなく私的に追善を行なったため、顕密寺院の縛りが緩かった。

暦応《りゃくおう》二年（一三三九）八月に京から遠く大和国吉野にて崩御した後醍醐は、南朝主催の葬礼では大覚寺統の流儀に則って葬儀や追善仏事が行われた。後醍醐崩御に対して北朝（持明院統）では、黙殺との意見も少なからずあったものの、北朝独自に追善を行なった。もちろん、南北朝争乱時であるから、南朝が関与することはなく、北朝側が勝手に後醍醐の追善を供養した形となる。そして、後醍醐追善のために創建されたのが天龍寺《てんりゅうじ》である。

西山美香《にしやまみか》氏（西山二〇〇四）は、天龍寺創建までの流れを整理し考察した。後醍醐崩御の報に接した室町幕府初代将軍足利尊氏は、早速、後醍醐の菩提を弔うために、亀山殿に夢窓疎石《むそうそせき》を開山として仏閣を建立することを北朝に上奏する。北朝の治天《ちてん》の君《きみ》（王家の家長）である光厳上皇は、後醍醐の四十九日に亀山殿を仏閣とすることを許し、夢窓疎石に開山を命じた。天龍寺は当初、年号を冠した暦応寺《りゃくおうじ》（正式には暦応資聖禅寺《りゃくおうしせいぜんじ》）と名付けられた。夢窓疎石は臨済宗の夢窓派の祖であり、五山文学の最盛期を生み出した禅僧である。

そして、亀山殿とは、その名からわかるように亀山《かめやま》天皇の居所として用いられた御所である。亀山葬の葬場・埋葬・追善の場所ともなり、御所の敷地には、亀山の父後嵯峨《ごさが》天皇の遺骨が安置されている浄金剛院のほか、多くの子院が含まれる。

西山氏は以下のように説く。天龍寺建立計画の初期段階では、後醍醐が属する大覚寺統にゆかりの深い地であることを重要視したとする。しかし、後嵯峨の納骨堂でもある浄金剛院は浄土宗西山《せいざん》派による開山であり、菩提寺ともいえる大覚寺は真言系の寺院である。よって、禅宗様により菩提を弔うために禅刹《ぜんさつ》天龍寺を開山したのである。そのためには由緒付けが必要であり、夢窓は天龍寺が檀林寺《だんりんじ》の跡地であることを強調し由緒とした。檀林寺とは、嵯峨《さが》天皇の后にて檀林皇后の称号を持つ橘《たちばなの》嘉智子《かちこ》により創建された真言系の寺院である。密教寺院ではあるが、京都で最初に禅を講じた寺院であり、夢窓はそこに目を付けた。つまり、天龍寺が檀林寺の系譜を引くとし、禅によって後醍醐の菩提を弔うことにより、禅宗が天皇の追善にふさわしいということを認知させようとしたのである。そして、禅は国家宗教の一つとして顕密仏教と並ぼうとした。その結果、足利将軍家の絶対的帰依を受けた天龍寺は、室町幕府の官寺的な役割を担い、京都五山第一位にふさわしい鎮護国家の象徴として君臨したのである。

光厳は、廃朝《はいちょう》や固関《こげん》といった国政による葬礼には消極的だったが、自身が信仰する禅宗による追善供養には積極的であった。西山氏は、夢窓疎石が後醍醐と光厳の両方の「国師《こくし》」（天皇に仏法を伝える僧）であったことに注目する。後醍醐にとって夢窓は国師でもあり、後醍醐の後に弟子入りした光厳と尊氏は後醍醐の弟弟子にあたる。共通の師である夢窓に天龍寺開山と後醍醐追善供養を主催（具体的には法要の導師）させ、光厳・尊氏もその法要を主催することにより、禅の世界における後醍醐の正統なる後継者であることをアピールしようとした。

つまり、夢窓を介して後醍醐の菩提を弔わせることは、後醍醐から北朝と幕府へと禅の伝道者を引き継ぐことの正当性を保証することになるのである。後醍醐追善は、他の天皇家追善供養に見られる「イエ」の正統性ではなく、宗教的師承関係の正統性を誇示し、光厳の勅願寺として天龍寺を鎮護国家の象徴とすることにより、禅の地位を上昇させることを図ったということである。

八木聖弥《やぎせいや》氏（八木一九九三）は、後醍醐供養が公武の繁栄、人民への仁政、王法・仏法が並び栄えることに繋がるとし、さらに、後醍醐を怨霊と見なし恐怖を抱き、それを鎮めるためだとする。たしかに、尊氏は後醍醐死去の直後から怨霊を意識して崇徳院の例に倣って祀るべきことを執奏し、暦応寺（天龍寺）多宝院《たほういん》を後醍醐廟所《びょうしょ》に擬している。承久の乱で配流された後鳥羽・順徳《じゅんとく》天皇の崩御後にも見られた、タタリを恐れた鎮魂も、後醍醐への手厚い追善供養の要因であろう。

禅宗に対する顕密寺院の対応

さて、このような禅宗の攻勢に対する顕密寺院の対応を見てみる。康永《こうえい》四年（一三四五）、後醍醐天皇の七回忌の命日に追善仏事を天龍寺で修し、幕府の政治を担っていた足利尊氏・直義《ただよし》兄弟が参列した。もちろん、後醍醐の直接の後継者後村上《ごむらかみ》天皇率いる南朝にしてみれば知らず存ぜずで、北朝が勝手に行なっている仏事なのだが。

この七回忌において、尊氏は夢窓疎石に書状を送り、足利将軍家一族が長く天龍寺に帰依することを誓った。それと同時に、光厳上皇・光明天皇の臨幸を仰ぎ、天龍寺落慶供養と同時に追善仏事を行い、天龍寺を天皇の追善仏事を行う公的な道場へと昇格させようと画策した。禅宗に傾倒していた光厳はこの計画に乗り気で、七回忌と落慶供養の同時開催を承諾していた。

だが、たとえ南朝の天皇といえども、格下の禅宗に我々の専売特許である天皇の追善供養の主催権を奪われてはならぬと、顕密寺院の大将格である比叡山延暦寺が動いた。いわゆる康永の強訴《ごうそ》である。僧兵たちの武力を背景とした強訴は、光厳・光明の臨幸中止は当然のことながら、開山供養そのものの中止、勅願寺の取り消し、禅宗の排斥、極悪人夢窓疎石の断罪、という過激なものであった。さらには、天龍寺の破却、夢窓の島流しを訴えた。延暦寺側の真意は、当然すべての要求が通るとは思っていない。あえて大きな要求を突きつけ、最低限の条件のみを朝廷側に呑ませるのである。彼らとて、室町将軍の絶大なる帰依を受ける夢窓疎石の処罰や、将軍が庇護する天龍寺の破却など無理なことは承知している。

その最低限の条件とは、光厳・光明の臨幸中止であり、この条件は了承された。これにより、後醍醐命日の八月十六日は七回忌追善法要、同二十九日は落慶供養と儀礼が分けられ、さらに落慶供養への臨幸も中止された。よって、盛大ではあったが尊氏・直義参列のみの天龍寺開堂法会が行われた。その後も、九回忌と十三回忌が天龍寺で修されたとの記録を見出すことができ、おそらく七回忌以後の十三仏事は、いずれも武家とその絶対的帰依を受けた天龍寺主導で開催されたと考えられる。ただし、持明院統「天皇家」からの関与は薄かった。大覚寺統「天皇家」の追善供養なのだから当然といえば当然であるが、持明院統「天皇家」の流儀では、禅宗様による追善供養は採用されざる流儀であったことも要因の一つであろう。

天龍寺への臨幸は実現しなかったものの、北朝の治天の君光厳は、王家の一員である後醍醐の追善供養を禅宗様で行うことについて前向きだった。光厳が禅宗に傾倒したのは、臨済宗の流行もあろうが、彼自身の遁世指向も要因であろう。光厳がなぜ世を捨てたがるのかは、彼の壮絶な人生にある。

禅宗に傾倒した光厳葬

光厳天皇は現在、歴代天皇には数えられていない。それは、後醍醐の討幕計画が鎌倉幕府に発覚したとき、幕府により強引に擁立されたものの、幕府滅亡後に廃位とされ、後醍醐により即位自体もなかったことにされたためである。

しかし、後醍醐の建武の新政が失敗すると、今度は足利尊氏に担ぎ出されて光厳は治天の君とされ、弟の光明天皇が擁立された。室町幕府の後ろ盾を得て磐石かと思いきや、またもや試練が訪れた。尊氏・直義兄弟の不和による観応《かんのう》の擾乱《じょうらん》である。

観応二年（一三五一）、直義に対抗するため尊氏は一時的に南朝の後村上天皇へ帰順した。正平一統《しょうへいいっとう》と呼ばれるこの出来事により、後村上は悲願の再入洛を果たす。後村上はすぐさま北朝の崇光《すこう》天皇を廃位とし、持明院統「天皇家」の天皇経験者である光厳・光明上皇と皇太子の直仁《なおひと》親王（花園天皇皇子）も拉致され、大和国の賀名生《あのう》（奈良県五條市）へと同道させられた。

担がれては廃位され、また担がれ廃位される。そんな状況で励みとなったのが禅の教えであった。光厳はもともと夢窓疎石に帰依しており、解放され京都へと戻っても、疎石の甥の春屋妙葩《しゅんおくみょうは》に師事し、世俗を絶って禅の道に邁進した。

晩年は、丹波国の山国荘《やまぐに》（京都府北桑田郡京北町）の常照寺《じょうしょうじ》（現・常照皇寺《じょうしょうこうじ》）にて禅僧として隠遁生活を送っていたが、貞治《じょうじ》三年（一三六四）七月、同寺で波乱に満ちた人生に幕を下ろした。

光厳が遁世指向で、禅宗に傾倒したのはこのような背景があったのである。

さて、南朝に即位を否定され、遁世していたとはいえ、北朝にとっては紛うことなき天皇経験者である。そこで、光厳の葬儀について紐解いてみる。光厳葬は、隠遁生活をしていた常照寺から他所へ移されることなく行われた。北朝では後光厳天皇が天皇位に即《つ》いており、後光厳は光厳の皇子である。中世の天皇葬儀の定番ともいえる遺詔奏《いしょうそう》や、固関・廃朝などは、当時の貴族の日記から確認できる。国政における葬礼は、他の中世の天皇と同じである。

では、葬送への参列に関してはいかがであろう。光厳の葬儀は、京から離れた山国荘の常照寺であった。『丹波国山国荘由緒書』なる由緒書には、「京都より堂上《とうしょう》方一両輩、御下向これあり」と記されており、京都から一人か二人の公卿が山国に下向したことがわかる。参列した公卿の名前を知ることはできないが、山奥の葬儀にわざわざ下向するのだから、よほど昵懇だった公卿と推測できる。

また、『太平記』から弟の光明や、亀山天皇の子孫常磐井宮《ときわいのみや》家出身の梶井宮恒鎮《かじいのみやこうちん》法親王も葬儀に参列したとされるが、真偽のほどは定かではない。光厳の葬儀は、本当に親しい者だけで行なったと考えられ、これもまた「イエ」的な葬儀といえる。

葬儀は天龍寺の春屋妙葩が主導し、禅宗葬にて行われた。朝廷の実務官人中原師守《なかはらもろもり》の日記『師守記』には、「唐様《からよう》をもって龕葬《がんそう》」と、禅宗葬に見られる龕葬によって葬られたことがわかる。龕とは仏像を入れる厨子《ずし》のことだが、勝田至氏（勝田二〇〇六）は、死者を仏として扱うことに対応しているとする。氏は、禅宗葬の特色として、「死者を座らせる」ことをあげている。おそらくは、光厳の遺体は座らせた形にて竪棺《たてかん》または桶《おけ》に入れ、屋根のついた輿《こし》のような龕に納められたと考えられる。「唐様」とは北宋《ほくそう》の禅宗の影響であり、先の師守の日記にわざわざ記されたのは、天皇の葬儀としては異例だったからであろう。

やはり、禅宗に帰依した光厳の葬儀は、これまでの中世的天皇葬儀とは違う、禅宗色の強い葬儀であったのである。それは、彼が隠遁生活を送り、朝廷の影響力が反映されにくい丹波の山奥にて崩御したことにも関係するだろう。勝田氏は、もし光厳が京で亡くなっていたならば、法皇としての伝統的葬儀が行われていたと述べる。

禅宗様で行われた光明・崇光葬と宮家

次に、光厳の弟にして尊氏に擁立された光明天皇の葬儀を見てみる。光明は、貞和《じょうわ》四年（一三四八）に皇位を兄光厳の皇子崇光天皇へと譲り、兄と同じく夢窓疎石へと帰依し、禅宗への信仰を深めた。そして、これまた兄と同じく、正平一統の際に南朝方に拉致され、賀名生にて軟禁生活を強いられた。

だが、兄よりも早く三年で幽閉が解かれ、いち早く京へと戻ることができた。尊氏の南朝帰順の際に、光明は出家し仏門へ入った。帰京後は洛南の伏見の地に居住し、はじめ伏見の保安寺《ほうあんじ》、のちに深草の金剛寿院《こんごうじゅいん》や伏見の大光明寺《だいこうみょうじ》と、洛南の禅刹にて仏道の修行に励んだ。保安寺は現存しておらず不明な点が多いが、金剛寿院は光厳葬を主導した春屋妙葩によって光厳の菩提を弔うために建立された寺院であり、その後荒廃するが、現在は天龍寺の塔頭《たっちゅう》となっている。

一方、大光明寺は、現在は相国寺《しょうこくじ》（京都市上京区相国寺門前町）の塔頭となっているが、もともとは後伏見天皇の女御であった広義門院が、後伏見の菩提を弔うために伏見殿（京都市伏見区桃山町）に建立した禅寺である。その後、光厳・光明・崇光が入寺し、崇光流そしてその流れを汲む伏見宮《ふしみのみや》家の菩提寺となる。その後、豊臣秀吉による伏見城築城により、伏見の地は大改造され、大光明寺も含む伏見の寺社は移転を余儀なくされた。

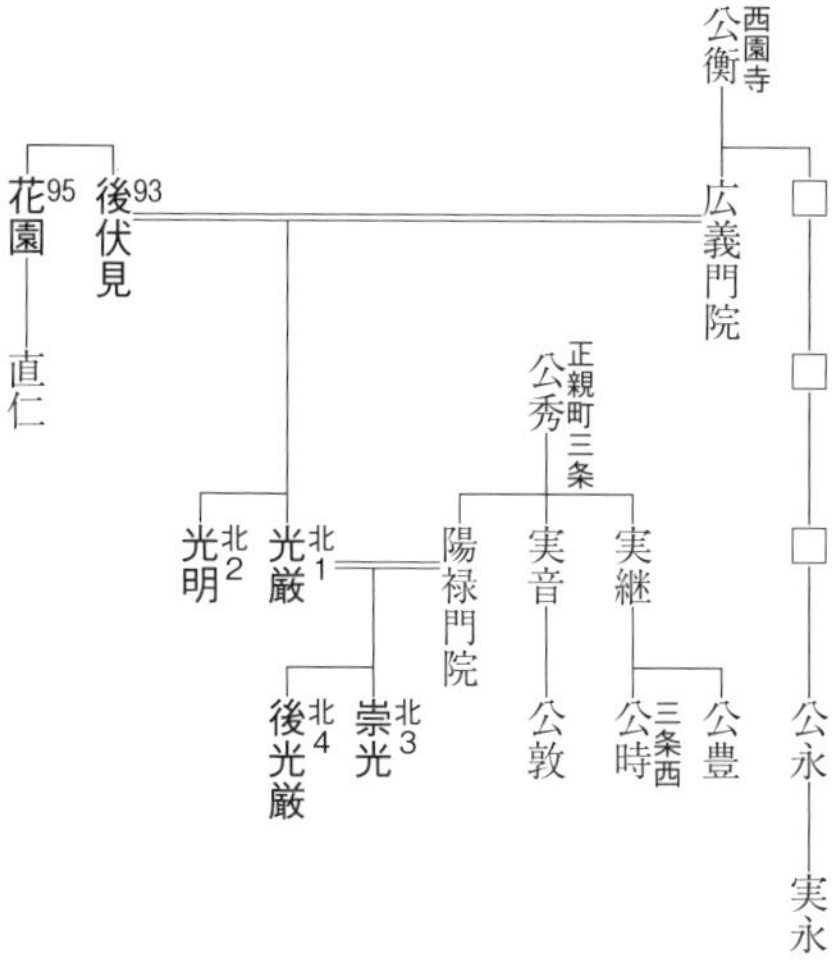

系図４　南北朝期天皇家関係系図

さて、禅の道に精進していた光明だが、康暦《こうりゃく》二年（一三八〇）六月に大和国長谷寺《はせでら》にある庵にて六十年の生涯を閉じた。もともと、大光明寺とゆかりが深いこともあり、生前から光明院の尊号があったため、改めて追号を贈ることなく、光明号に決定した。遺言も光明を希望していたともいう。

村田正志《むらたまさし》氏（村田一九八三）は、光厳号も伏見の光厳院に幽閉されていたときがあり、それにちなんで付けられたとし、大正時代にようやく即位が認められた謎多き南朝の長慶《ちょうけい》天皇も正規の手続きにより贈られた追号ではなく、和泉国の大雄寺《たいゆうじ》に属する長慶院なる禅院に居住していたことに基づく称号とする。居住院が追号に転用されたこの三天皇の共通点は、禅宗に傾倒していたことと、晩年は朝廷との距離をおいた隠遁生活を過ごしており、京内で崩御していないということであろう（長慶崩御場所は諸説あり）。

ただ、残念ながら、葬儀に関する記事は室町時代の天皇の中で最も史料が少ない。大光明寺にて葬儀が執り行われ、そのまま大光明寺に埋葬したとされる。その内容は判然とはしないが、禅宗傾倒や洛外の山奥の隠遁の地で崩御など、兄光厳と共通項が多く、おそらくは兄同様の龕葬による禅宗様で行われた可能性は高いであろう。

さて、足利尊氏の気まぐれで南北朝の和睦が成立した正平一統により南朝方へと軟禁されたのは、光厳・光明兄弟の他、皇太子であった直仁親王と、登極中の崇光天皇であった。

崇光は践祚と即位礼を終え、大嘗祭を迎えようとしていたときに突如廃位とされ、大和・河内へと幽閉されることとなった。まだ十代の青年ながら、島流し同様の辛酸を舐めたのである。崇光は治天の君光厳の嫡流であり、持明院統「天皇家」の正統であった。しかし、残念ながら、軟禁が解かれ京都へ帰還したとき、王家には崇光が座る「天皇家」（＝天皇を輩出する核家族）の〝イス〟はすでになかった。

というのも、正平一統により王家に登極経験者と皇太子を欠いてしまった北朝は、庶子であった崇光弟の弥仁《いやひと》王を即位させた。これが後光厳《ごこうごん》天皇である。幕府は、後光厳「天皇家」を正統とすべく、二人三脚でその正統性の付与へと奔走する。三代将軍足利義満の代になると、すでに後光厳「天皇家」は正統の座の牙城を築きつつあった。崇光には栄仁《よしひと》親王という皇子がいたが、持明院統「天皇家」の一本化を目指す義満により出家させられ、崇光「天皇家」は崇光「宮家」へと降格することになった。

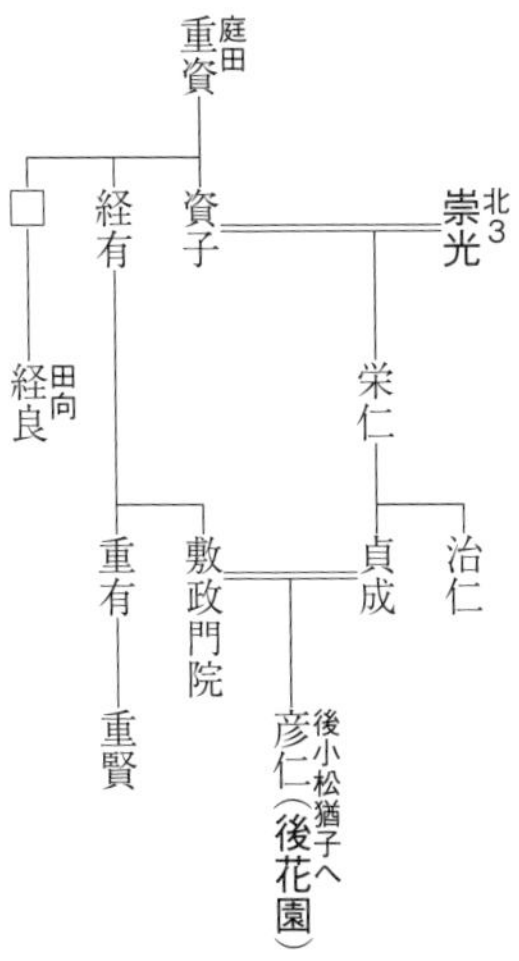

系図５　崇光流天皇家関係系図

そんな苦汁をなめ続けた崇光だが、応永《おうえい》五年（一三九八）正月に崩御する。光厳・光明は隣国にて崩御したが、崇光は山城国の伏見にて人生の幕を下ろした。叔父光明と同じくゆかりの深い大光明寺にて荼毘に付され、大光明寺陵《だいこうみょうじのみささぎ》へと埋葬された。しかし、十一日間も葬儀を行えず、遺体が「御損色」（『凶事部類』）と、傷みが進んでいたとの記録が見出せる。その原因は、義満の衰日《すいにち》（陰陽道にて誕生年に基づく悪日）の観音懺法《かんのんせんぼう》のため葬儀を主導する空《くう》谷明応《こくみょうおう》が駆り出されていたためである。観音懺法とは禅宗様の祈祷であり、おそらくは、崇光葬の諸役を勤める禅僧たちも、義満のための祈祷へと動員されたのであろう。

　足利将軍家は臨済宗を篤く信仰しているため、義満の意図的な嫌がらせではないだろうが、臨済宗の高僧の修法への招集により、崇光葬儀が延引されたことは注目されよう。そう、崇光の葬儀も、光厳・光明に続き禅宗様にて執り行われたのである。

　十一日間の延引を招いた崇光葬を紐解くと、下火《あこ》（着火）は鹿苑院《ろくおんいん》の国師空谷明応、起龕は前南禅寺住持で天龍寺雲居庵《うんごあん》の徳叟周佐《とくそうしゅうさ》、鎖龕は前天龍寺住持で東福寺荘厳蔵院《とうふくじしょうごんぞういん》の南宗士綱《なんじゅうしごう》など五山の高僧たちにて、禅宗様葬儀の象徴である龕葬をもって行われた。なにより、顕密僧の独壇場であった公式の中陰仏事までも禅宗様であり、禅宗の勃興ここに極まりの感すらある。

　だが、この葬礼こそ、崇光が持明院統の傍流へと転落したことの表れであった。

　朝廷の対応を見てみると、遺勅もなく、遺詔奏もなく、素服を賜る人々もいないという異例であったことがわかる。後光厳流の後小松天皇朝廷は「知食《しろしめ》らるべからず」（『凶事部類』）と、不関与の方針であった。崇光葬は、王家の葬儀というよりは、崇光を祖とする伏見宮「宮家」の「イエ」的葬儀という性格を帯びており、参列した公卿も血縁関係にある三条公敦《きんあつ》のみである（105頁　系図4）。公卿以外では、嫡子の栄仁、田向経良《たむけつねよし》・綾小路信俊《あやのこうじのぶとし》・庭田重有《にわたしげあり》といった伏見宮家の近習たちが占めている。

　それぞれ応永二十三年、二十四年に行われた崇光皇子の栄仁とその子治仁《はるひと》王の葬儀を見ても、ともに大光明寺にて禅宗様の葬儀が行われている。とくに栄仁葬は、王子貞成《さだふさ》親王の日記『看聞日記《かんもんにっき》』に、崇光葬を模倣したと明記されている。参列者も崇光葬と同じく伏見宮家譜代の近臣が参列しているだけである。崇光の葬儀は人的面では、栄仁や治仁といった「宮家」の葬儀と同じで、「伏見宮」の葬儀なのである。このような持明院統傍流となった一「宮家」としての葬儀が、天皇葬の典型への縛りを解き、禅宗様の葬儀を可能にしたのであろう。

第二章　天皇葬儀と尊氏・義満

後光厳流葬儀の確立

本章では、王家の正統の座を射止めた後光厳《ごこうごん》「天皇家」の葬儀を見ていく。

顕密僧《けんみつそう》と禅・律《りつ》・念仏僧の分業体制が中世的天皇葬儀の特色であったが、武士の間で流行した禅宗の隆盛は王家にもおよび、光厳《こうごん》・光明《こうみょう》・崇光《すこう》の三天皇の葬儀は禅僧が主導したものであった。しかし、丹波常照寺《じょうしょうじ》にて隠遁生活を送りひっそりと崩じた光厳、同じく晩年は仏の道を歩み大和長谷寺《はせでら》で崩じた光明、正統の座を追われ洛南伏見にて崇光「天皇家」から伏見宮「宮家」にまで降格した崇光。みな正統な「天皇家」が統括する朝廷とは一線を画しており、このような周縁性が、文字通り〝王道〟から外れた禅宗様の葬儀を催すことができた理由であろう。また、後醍醐《ごだいご》天皇に関しては、そもそも持明院統「天皇家」の一員でもないのだから、持明院統流儀に縛られることはなかった。よって、新様式である禅宗様の追善仏事を導入することができた。もちろん、南朝では大覚寺統の流儀に沿った後醍醐の葬儀や追善仏事が行われている。

これらイレギュラーな天皇経験者に対し、正統な「天皇家」となった後光厳「天皇家」はそうはいかず、〝王道〟を歩まなければならない。中世的天皇葬儀の〝王道〟とは、顕密僧による中陰《ちゅういん》・追善仏事を核とし、禅・律・念仏僧による遺体処理儀礼により荼毘に付される葬送、国政では遺詔奏《いしょうそう》・固関《こげん》・廃朝《はいちょう》・倚廬《いろ》儀などを行う葬礼である。そして、在位中の崩御の場合は、「如在之儀《にょざいのぎ》」により譲位を行い、譲位後の崩御の建前のもと、上皇としての葬送を行う。また、死期を悟ったり、危篤に陥ったりすると出家することが多く、突然死においても臨終出家をさせ法皇として葬るケースも増加する。

後光厳天皇は本来、出家を予定していたが、正平一統《しょうへいいっとう》により、突如担ぎ出された。しかも、王家の家長すなわち治天《ちてん》の君《きみ》が不在のため、後伏見《ごふしみ》天皇女御《にょうご》の広義門院《こうぎもんいん》寧子を治天の君に仕立て上げ、三種の神器なく即位した。ある意味、第一部で述べた、後高倉《ごたかくら》流や土御門《つちみかど》流より正統性が危うい状況である。よって、後光厳朝廷に課せられたのは、その正当性（この即位は認められるのか？）と正統性（正規の皇位継承者なのか？）の構築である。

松永和浩《まつながかずひろ》氏（松永二〇一三）は、朝廷儀礼を天皇求心力強化の場と位置付ける。盛況な儀礼を展開することと比例して、朝廷の求心力もアップするという。しかし、正平一統による南朝軍の京都占領は、後光厳朝廷へ深刻な打撃を与え、後光厳朝廷の求心力はどん底状態であった。そこで、出席を賞罰や経済負担の軽減などでうながし、盛儀の挙行を目指した。幕府も朝儀への参加率アップのために積極的に協力し、朝廷儀礼の体裁を維持することができた。朝廷と室町幕府は二人三脚で後光厳の正当性と正統性を構築していったのである。

後光厳は、応安《おうあん》四年（一三七一）、ライバルの兄崇光の皇子栄仁《よしひと》を退け、自身の皇子緒仁《おひと》へ譲位することに成功した。緒仁は即位し後円融《ごえんゆう》天皇となり、後光厳は院政を敷いたが、わずか三年で疱瘡《ほうそう》に倒れ、応安七年、三十七歳にてその生涯を閉じた。

後光厳の臨終場所は柳原殿《やなぎわらどの》であり、すぐに臨終出家を遂げた。柳原殿は、その名の通り北朝の有能な官僚であった柳原資明《すけあきら》の邸宅であり、資明の死後、後光厳の仙洞《せんとう》御所として用いられた。中陰仏事はこの御所にて行われ、四十九日をもって、柳原忠光《ただみつ》へと返却された。

熱田公氏《あつたいさお》（赤松監修一九八四）によると、後光厳は生前、泉涌寺二十一代の律僧竹岩聖皐《ちくがんしょうこう》（賢怡《けんたい》）に深く帰依していたという。泉涌寺境内には、後光厳が本願となり雲龍院《うんりゅういん》を建立し、当院は後光厳流「天皇家」の帰依を受け発展することとなる。そして、後光厳の臨終出家は、戒師を竹岩、剃手を安楽光院《あんらくこういん》の見月房曇浄《どんじょう》が勤めた。葬儀は「御寺《みてら》」泉涌寺、追善は安楽光院という、後光厳流の〝方程式〟がここにも表れているのである。

公卿側の対応を見ると、主だった廷臣たちは続々と弔問に訪れていたようだ。三条公忠《きんただ》の日記『後《ご》愚昧記《ぐまいき》』には、危篤時に内裏へ参入しなかった公卿が記されている。不参入を名指しされたのは前摂政九条経教《つねのり》、同近衛道嗣《みちつぐ》、左大将二条師嗣《もろつぐ》、右大将花山院兼定《かざんいんかねさだ》、大納言徳大寺実時《とくだいじさねとき》、同大炊御門宗《おおいのみかどむね》実《ざね》、同久我具通《こがともみち》である。摂関家を中心とした高位高官の不参入が目立つ。ただし、近衛道嗣は本人の日記『愚管記《ぐかんき》』に密々に参内したと記されており、土御門保光《やすみつ》の日記『保光卿記』には、衣冠《いかん》に上結《うわくくり》の装束にて参じた様子が目撃されている。衣冠とは、公家の正規の装束であり、上結は、指貫《さしぬき》の裾を歩行に便利なように膝の下まで持ち上げて括るスタイルで、非常の場合の処置である。葬送においては、葬列に供奉《ぐぶ》（御供）する場合に用いられる。道嗣なりの弔意の表れであろう。また、内裏の門は門番衆として幕府より派遣された武士により固められ、いかに後光厳朝廷が武家に支援されていたかが垣間見られる。

追号は後光厳院に決まった。はっきりとした理由を記した史料はないが、村田正志《むらたまさし》氏（村田一九八三）は、光厳の正統な後継者ということを含意すると推測する。

『孝明天皇紀付図』所収「嘉永元年十二月十五日女御入内行列図」に描かれた上紙藁沓　宮内庁書陵部宮内公文書館蔵

泉涌寺と安楽光院の二人三脚

葬送儀礼においては、泉涌寺と安楽光院の二人三脚が、崩御時から見られる。まず、危篤時では、それまで顕密僧が回復のための五壇法《ごだんほう》などの祈祷を修していたが、もはや崩御が必然となると退出していった。崩御後は安楽光院曇浄と泉涌寺竹岩聖皐の二人の律僧が「一向沙汰」をし、臨終出家や入棺などの儀式を執り行なった。

入棺においては安楽光院の僧衆五、六人が光明《こうみょう》真言《しんごん》（この真言を死者に唱えると、生前の罪障が滅するとされる）を唱える中、曇浄の沙汰により執り行われた。『保光卿記』には、入棺の儀は密儀であり、人々は拝見できなかったと記されている。すなわち、安楽光院の「一向沙汰」であった。

もともと持明院殿敷地内にあった安楽光院は、南北朝争乱期の衰退を克服したことは先に述べた。大石雅章《おおいしまさあき》氏（大石二〇〇四）は、この時期、安楽光院が律宗寺院として復興する時期と位置付ける。まさにその表れであろう。

葬儀場となったのは泉涌寺であり、天皇経験者の葬儀を執り行うのは、仁治《にんじ》三年（一二四二）の四《し》条《じょう》天皇の葬儀以来であった。寺内で執り仕切ったのは竹岩であり、参列公卿が見守る中、安楽光院の僧も含む律僧たちとともに荼毘に付した。そこには顕密僧の姿はなく、完全なる律僧主導の葬儀であった。ただし、近衛道嗣が伝え聞いた記録に「龕を舁《か》く」とあり、龕葬であった可能性が高い。光厳・光明葬で見られた死者を座らせる禅宗様の要素は、後光厳葬儀においても完全に排除されなかったのである。

拾骨は、後光厳の仙洞御所である柳原殿とゆかりの深い柳原忠光など、参列した近親や縁者たちと行い、先例通り深草法華堂《ふかくさほっけどう》へと納骨された。大石氏は、分骨先に天龍寺《てんりゅうじ》（禅）、天王寺《てんのうじ》・高野山《こうやさん》（念仏系の聖が逗留する寺院）、泉涌寺・安楽光院（律）をあげ、禅・律・念仏寺院による死穢関連儀礼の担当体制を述べる。

中陰仏事では、御前僧《ごぜんそう》が延暦寺《えんりゃくじ》・園城寺《おんじょうじ》、護摩衆《ごましゅう》が東寺《とうじ》・延暦寺・園城寺と、今度は一転して顕密寺院の出番となる。これこそ、中世的天皇葬儀といえよう。大石氏は、このとき形成された三門（東寺・延暦寺・園城寺）護摩体制が次の後円融天皇の葬儀以降へと引き継がれていくと説く。

後光厳葬の供奉人に触れると、やはり「イエ」的儀礼だったことが改めてわかる。実務官人中原師守《もろもり》の日記『師守記』から、葬儀の供奉公卿は正親町三条実継《おおぎまちさんじょうさねつぐ》（前内大臣）・正親町三条実音《さねとし》（大納言）、西園寺公永《きんなが》（中納言）、柳原忠光（前中納言）、山科教言《のりとき》（前右衛門督）、万里小路嗣房《までのこうじつぐふさ》（参議）の六人だが、実は供奉の予定は九人だったことを知ることができる。三人の不参者は、三条西公時《さんじょうにしきんとき》（参議）・今出川公直《いまでがわきんなお》（前大納言）・四条顕保《あきやす》（右衛門督）である。この不参者も加えた九人について検討すると、近習に下賜される素服を賜ったのは七人と、そのほとんどを占める。逆に賜らずに供奉したのは、

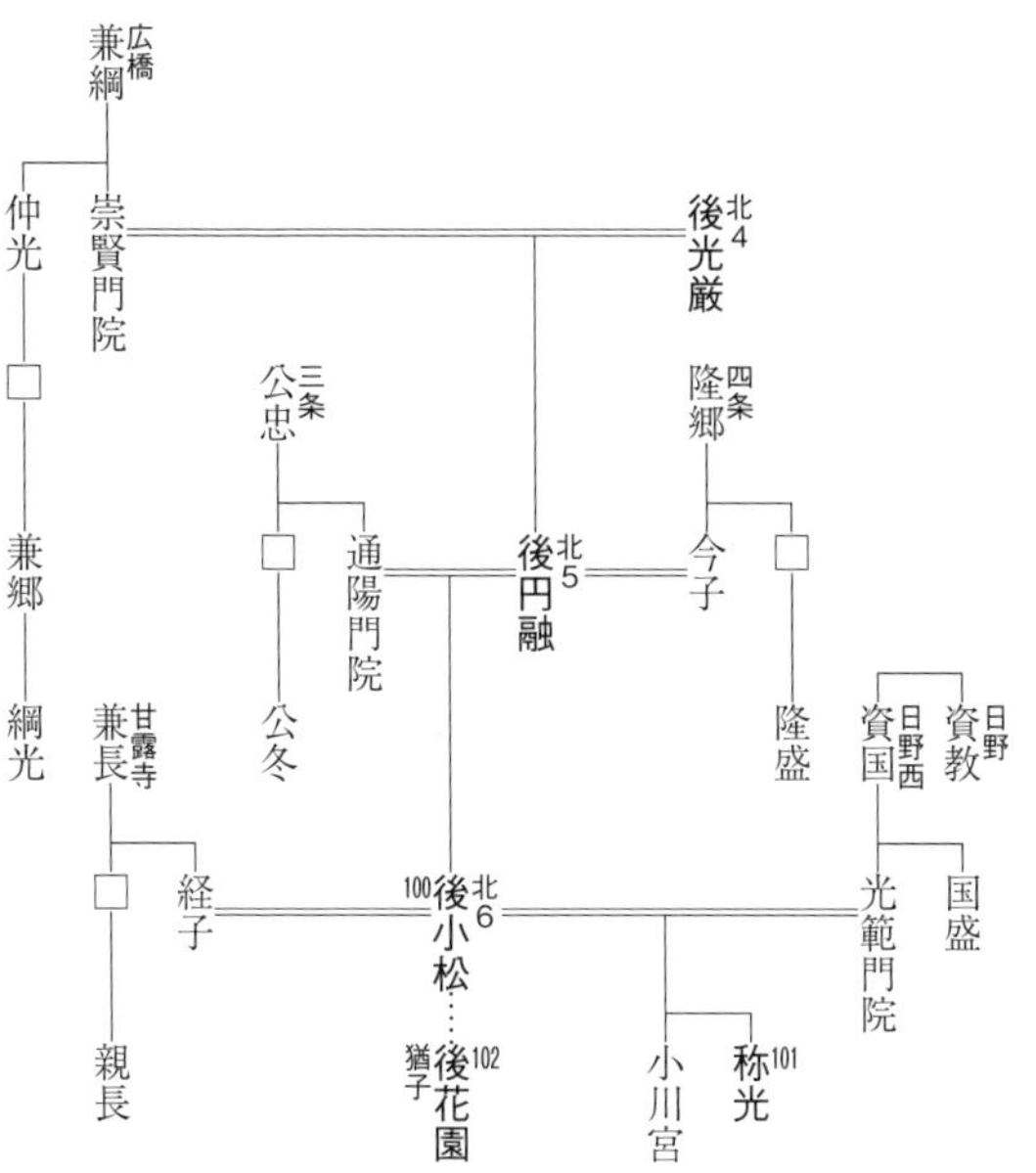

系図6　後光厳流天皇家関係系図

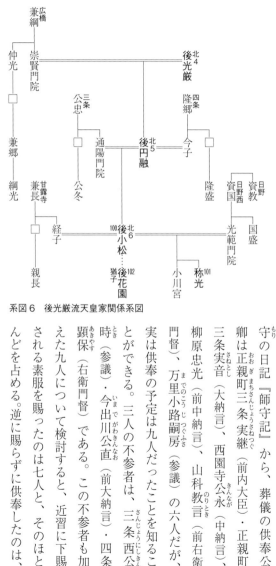

西園寺公永・三条西公時である。

105頁の系図4を見ていただきたい。西園寺氏は後深草《ごふかくさ》・伏見《ふしみ》・後伏見の持明院統三天皇の外戚であり、北朝の天皇とは血縁的繋がりが深い。公永は、持明院統との血縁的関係からの供奉だと考えられる。公時は、祖父公秀《きんひで》が光厳妃で崇光・後光厳の国母《こくも》陽禄門院《ようろくもんいん》の父であり、外祖父として内大臣にまで昇格した人物である。縁者としての供奉であろう。ややこしいが、公時の父は正親町三条実継であり、葬送で車寄役《くるまよせ》（霊柩車の先導）として筆頭供奉している。実継の弟実音も供奉しており、この兄妹は素服を賜る近習であり外戚でもある後光厳と昵懇の公家である。

このように、室町時代に入っても天皇葬送は、近習・血縁者中心で供奉されていたことがわかる。大々的な国家儀礼ではなく、近臣・外戚中心の「イエ」的儀礼が継承されているのである。

後光厳は、柳原殿から泉涌寺への最期の御幸を行なった。葬送は夜に行われるのが慣例であり、幕府侍所の職員の武士たちが警固を行い、川には浮橋を架け、辻々に火を炊かせてまるで昼のようだったという。そして、夜にもかかわらず京の民衆たちはこぞって葬列を見学した。夜と昼の違いはあるが、昭和天皇の葬列を彷彿とさせる光景である。

泉涌寺の葬儀会場には、素服を着した後光厳の皇女治子内親王と、門跡では円満院《えんまんいん》の行助《ぎょうじょ》、仁和《にんな》寺《じ》の永助《えいじょ》、三千院《さんぜんいん》の覚叡《かくえい》、青蓮院《しょうれんいん》の道円《どうえん》、妙法院《みょうほういん》の尭仁《ぎょうにん》の各皇子が参列した。後宮の女房たちも日野宣子・広橋仲子・橘繁子などの名がみえる。宣子は、足利義満の正室日野業子の叔母にあたり、次期後円融朝廷においても影響力を発揮する女房である。仲子はのちの崇賢門院《すうけんもんいん》であり、後円融の国母として影響力を持つ。繁子は、前述の梶井宮《かじいのみや》（三千院）覚叡の生母である。

その他、院庁の参列者で占め、後光厳院庁主催の葬儀といえよう。朝廷の対応についても、国政による葬儀儀礼も異例なく行われた。室町期型の天皇葬儀体制は後光厳葬をもって形成されたといえよう。いわゆる後光厳流の流儀が天皇家の流儀として定着したのである。

口を出す尊氏

鎌倉幕府の将軍もしくは執権北条氏は、皇位継承に介入することはあっても、天皇家の「イエ」的儀礼である葬儀に参列するなどの事例は見出すことはできない。廃朝や固関などの国政としての葬儀儀礼にも関与することがなかった。

だが、室町幕府が成立すると、自らの正当性のために北朝を打ち立てたことや、同じ京都にある権門ということもあり、葬礼への関与が見られる。

たとえば、暦応《りゃくおう》二年（一三三九）の後醍醐天皇の葬礼への対応については、興福寺《こうふくじ》大乗院《だいじょういん》・一乗院《いちじょういん》からの後醍醐崩御の情報は幕府経由で北朝へと奏聞された。治天の君光厳上皇、登極光明天皇であった北朝では、後醍醐二女であり光厳妃の宣政門院《せんせいもんいん》懽子を服忌《ぶっき》のため内裏の外へと移した。これは、北朝としては敵方の後醍醐に対し喪に服さず、縁者のみの服喪で済ませるためであろう。持明院統は、大覚寺統でも在位経験者の崩御の場合は、後深草崩―後二条廃朝、後伏見崩―後醍醐廃朝などの葬礼を行うのが慣例である。だが、遠国崩御である崇徳《すとく》・安徳《あんとく》・後鳥羽《ごとば》・土御門《つちみかど》・順徳《じゅんとく》天皇の例を勘案し、とくに崇徳例を用いて諒闇《りょうあん》・倚廬《いろ》儀といった国政による葬礼を行わない方針に決めた。

しかし、ここで足利尊氏と直義兄弟率いる幕府が横車を押してきた。幕府は、独自に雑訴停止七日間を決め、さらに朝廷に対しても廃朝を執奏してきたのである。北朝最大の後ろ盾である幕府には逆らうことができず、不本意ながら押し切られる形で、国政にて廃朝・固関は宣下された。

北朝は、国家的儀礼によって後醍醐を王家の中の天皇経験者の崩御と認めたのである。さらに、血脈確認儀礼でもある倚廬儀も、懽子の血脈により外祖父として、光明が錫紵《しゃくじょ》を着し喪に服した。大覚寺統出身である懽子が、持明院統の光厳の妃となったのは、両統が血脈的に遠縁にならないための血縁維持策と考えられるが、奇しくも後醍醐への国政による葬礼を繋ぎ止めた。

「イエ」的儀礼にて荼毘に付される葬送に関しては、当初はさほど関与が見られない。貞治《じょうじ》三年（一三六四）に崩御した光厳の葬儀二日後に、当時大納言であった足利義詮《よしあきら》が北朝へ弔問に参内した程度である。

参列する義満

天皇の葬送儀礼において、京の各階層へ視覚的に訴えるのが葬列であろう。葬列は、崩御した場所から葬儀場である寺院までの道程にてしたためられ、太上天皇の御幸《みゆき》の体をなしている。中世の天皇葬送の行列においては、公卿・殿上人・北面の武士・下級職員（召次《めしつぎ》など）という構成が多い。公卿は、それぞれ随身《ずいじん》などを引き連れて、寺院まで故人を偲びながら御供するのである。その構成は、何度も述べるように近臣や縁者中心であり、これが「イエ」的儀礼と性格付けられるゆえんである。

さて、明徳《めいとく》四年（一三九三）四月、足利義満の全面支援を受け即位した後光厳流の後円融天皇が三十六歳の生涯を閉じた。後光厳崩御時と同様に泉涌寺の竹岩聖皐を戒師として臨終出家を行なった。そして、後小松天皇率いる朝廷は、廃朝と固関を宣下し、葬司《そうし》・百官素服《そふく》・挙哀《きょあい》・山陵造営・国忌《こっき》・荷前《のさき》を停止する恒例の遺詔奏を行なった。

葬場は後光厳に引き続き泉涌寺となり、葬列を組み「御寺《みてら》」への御幸が行われた。その供奉公卿に目をやると、室町期の天皇葬送の中でも最も異例ともいえる現象が見出せる。それは、現任の左大臣であった足利義満の供奉である。

院司などの近臣や外戚などの縁者中心であった葬送は、後円融葬において大きく性格を変えたのであろうか。まずは、義満を除く九人の供奉公卿の精査を行う。九人の内、万里小路嗣房（大納言）・勘解由小路《かでのこうじ》仲光《なかみつ》（大納言）・日野資教《すけのり》（大納言）・中山親雅《ちかまさ》（前中納言）・柳原資衡《すけひら》（中納言）・町資藤《すけふじ》（参議）の六人が後円融院庁の院司もしくはその経験者である。

院司ではない正親町三条公豊《きんとよ》（前大納言）・四条顕保（前中納言）・西園寺実永《さねなが》（参議）の三人を考察

足利義満木像　鹿苑寺旧蔵

すると、公豊は光厳国母陽禄門院秀子の甥で、公豊の父実継・叔父実音は、先の後光厳葬送に供奉している（105頁　系図4）。後円融との血縁関係は、そこまで近いものではないが、国母の甥ということと父と叔父の参列例からの供奉だと考えられる。

　顕保は、後光厳院司として見受けられ、引き続き後円融院庁の院司だったことも考えられる。また、実永は院司であった父公永がこの年に亡くなっていることと、実永自身、後小松院庁の御厩別当《みまやべっとう》として登場するので、後円融の院司を父から引き継いだということも考えられる。また、西園寺氏は後深草・伏見・後伏見の持明院統三天皇の外戚であり、後光厳葬にも供奉しており、持明院統との血縁関係からの供奉であろう。

　以上、義満以外は供奉者に大きな性格の変更は見当たらない。ただし、院司といえども、万里小路嗣房・日野資教・中山親雅・町資藤の四人は、院から生前関わりが深かった奉仕者に与えられる素服を賜わっていないという点に違和感が残る。たしかに、非素服人の供奉は皆無ではなかったが、その場合はたいてい外戚であった。外戚以外でこれほどまで供奉するのは、今回から見られる現象である。なにやら、他にも理由がありそうだが、この点は後述する。

だが、保留点を考慮しても、葬儀は院庁主催の内々の儀礼と位置付けられよう。

義満が参列した理由は何か

さて、このような内々な天皇家の葬送儀礼に、左大臣義満は威風堂々と参列した。

前大臣の供奉は若干見られるものの、現任の大臣の供奉については、室町時代唯一の事例である。鎌倉時代だと一例確認することができる。それは、第一部にて述べた、四条葬における二条良実《よしざね》・一条実経《さねつね》兄弟の左右大臣の供奉である。しかし、この事例は四条女御の宣仁門院《せんにんもんいん》を介した外戚のためとすでに述べた。

平安時代では、藤原道長《みちなが》（左大臣）・藤原顕光《あきみつ》（右大臣）・藤原公季《きんすえ》（内大臣）が参列した一条《いちじょう》天皇葬や、藤原頼通《よりみち》（関白・左大臣）・藤原実資《さねすけ》（右大臣）・藤原教通《のりみち》（内大臣）が参列した後一条《ごいちじょう》天皇葬では、左・右・内大臣が参列しており、古代の天皇葬儀がいかに「国家」的儀礼であったかを体現している。

「イエ」的儀礼が定着する院政期以降では、久寿《きゅうじゅ》二年（一一五五）の近衛《このえ》天皇の葬送に関白藤原忠《ただ》通《みち》が供奉しているが、長女が近衛の養母、養女が近衛中宮、そして危篤時に面会が許された信頼が厚い近臣だったことが、異例の関白供奉の背景であった。鳥羽《とば》・後白河《ごしらかわ》法皇の葬送でも現任の大臣の供奉が見られたが、いずれも縁者や信任の厚い近臣であった。

供奉公卿は大臣クラスでさえ、衣冠に巻纓《けんえい》、そして藁沓《わらぐつ》を履くという、質素な装いの天皇の一随身を演じる。そして、松明に照らされながら哀傷の雰囲気を演出する。供奉する必要のない高位高官としては、よほどの親密さがなければ参列しないであろう。また、外戚による政治の主導権掌握という手法が形《なり》を潜め、摂関家が外祖父にこだわらなくなったことも、摂関家や大臣の供奉が四条葬以降、姿を消す要因であろう。

問題の左大臣義満の供奉であるが、史料的な制約により当時の評価を見出すことはできない。しかし、永享《えいきょう》五年（一四三三）の後小松葬送において、足利将軍の護持僧である醍醐寺三宝院《だいごじさんぽういん》の満済《まんさい》がこのことについて言及している。

満済の日記『満済准后日記《まんさいじゅごうにっき》』では、当時義満と同じ左大臣であった六代将軍足利義教が後小松葬送に供奉するか悩んでいることに対し、大臣は供奉する必要がないことを強調している。その上で、義満の供奉を「一段の懇志」の表れと記している。

満済の見解では、後円融と義満の懇志な関係がゆえに、異例の大臣供奉に至ったとしている。懇志とはいうものの、後円融と義満の関係については、義満の王権簒奪《さんだつ》論を唱えた今谷明《いまたにあきら》氏（今谷一九九〇）により、その不仲エピソードがあげられている。だが、人と人の個人的感情にて虫が好かないことと、政治面は別次元である。

足利将軍家の家長は天皇家の執事的存在であったとする石原比伊呂《いしはらひいろ》氏（石原二〇一五）は、後光厳流「天皇家」の維持は最重要事項であり、個人的感情は別として、「将軍家」と「天皇家」との昵懇さを演出する必要があったとする。つまり、ビジネス的な仲良しなのである。

島津毅《しまづたけし》氏（島津二〇一九）も、後円融亡き後、後光厳「天皇家」には十七歳の後小松天皇しかおらず、義満が「一段の懇志」を演出してバックアップしなければならない状況であったことを強調する。たしかに、洛南伏見にはライバル崇光流の崇光法皇、南朝残党では、南朝の総本山ともいえる大覚寺に後亀山《ごかめやま》法皇、行方不明だが南朝きっての主戦派であった長慶上皇がおり、十七歳の青年天皇一人が背負うには過酷な状況ではあった。

血縁関係についてはいかがであろうか。室町期の筆頭供奉公卿を見てみると、縁者が多い。これは、高位高官でも縁者は参列することから起きる現象である。天皇との血縁関係でもない限り、高位高官の者は参列しないことはすでに述べた。義満は、公的な系図からは後円融との縁戚関係は見出せない。

だが、学界では人口に膾炙される話題ではあるが、血脈面においては、後円融と義満は従兄弟である。今谷氏は、『門院伝《もんいんでん》』『女院号部聚《にょいんごうぶじゅ》』という史料の記載から、後円融の国母崇賢門院仲子は、公的には広橋兼綱《かねつな》の娘だが、実は石清水八幡宮《いわしみずはちまんぐう》の祠官善法寺通清《ぜんぽうじつうせい》の娘であるとする。入内《じゅだい》にあたり、後宮にふさわしい家の養女となったのである。

通清には三人の娘がおり、一人がいま述べた仲子である。もう一人は紀良子《きのよしこ》（善法寺は紀姓）であり、義満の実母である。もう一人は、奥州の伊達政宗《だてまさむね》の正室蘭庭明玉禅尼《らんていみょうぎょくぜんに》である。つまり、後円融と義満と政宗の子氏宗《うじむね》は、血脈上は女系の従兄弟同士にあたる。天皇に将軍の母に伊達家中興の祖と、善通寺三姉妹はよほど器量が良かったのであろう。

また、古くは渡辺世祐《わたなべよすけ》氏（渡辺一九五六）が、義満は順徳天皇の流れも汲むという足利義満皇胤説を唱えている。これは、義満母の良子の母親が順徳天皇の皇子善統《よしむね》親王の孫にあたるということによる。

では、義満はこの血脈関係を主張したのであろうか。残念ながら、当時の公家社会では、実の血脈関係より、猶子《ゆうし》関係で築かれた「イエ」の理論が優先する。広橋家から妃が出ている以上、あくまで広橋家が外戚となる。同様のケースとして、出自の低い藤原孝長《たかなが》の娘が和気《わけ》家の養女として後宮に入り、その後、後土御門天皇を生んだため大炊御門信宗《おおいのみかどのぶむね》の養女として妃になった嘉楽門院《からくもんいん》信子の事例がある。この場合の外戚は大炊御門家であり、実父孝長が外戚として恩恵を受けた記事は見出せない。

善法寺家も当然、外戚となった記載は見出せず、たとえ崇賢門院が善法寺家の実子であっても、義満を含めた外戚とするのは困難である。事実、異例の供奉の場合は、散状《さんじょう》（出席者名簿）などに外戚などの理由を記すが、そのような記載はない。義満の供奉に対し、後代になっても明確な理由をあげていないことからも、外戚として参列したとの解釈は無理があろう。

よって、本来ならば国母の甥にあたる大納言の正親町三条公豊が筆頭の供奉公卿であったが、義満のゴリ押しによって筆頭の座が奪われたのである。

また、生前に院との関わりが浅からぬ者に授けられる素服も賜っていない点も注目される。室町後期に公家社会の有職故実に長ける一条兼良《かねよし》が後円融葬を取り上げ、『後成恩寺関白諒闇記《ごじょうおんじかんぱくりょうあんき》』にて「葬礼当日は、素服人の他は、先例では供奉しないという。明徳度（後円融葬）に左大臣足利義満が供奉したのは、少々の事例はあるものの、先例のないことといえる」と、異例視している。故実の専門家である兼良が述べるのだから、やはり異例な供奉であったのであろう。

別権門の長としての供奉

天皇の葬儀は「イエ」的儀礼である、とさんざん述べてきた。ならば、院の葬儀は、その近習である院司中心に構成されており、義満と後円融院庁との関係にも留意しなければなるまい。実は、義満は後円融院庁の院執事を経験している。義満もまた、形の上では院司なのである。

しかし、葬列を紐解くと、御供として列する院司に対し、義満の一団だけ公卿日野重光《しげみつ》（参議）を筆頭に飛鳥井雅縁《あすかいまさより》・松木宗量《むねかず》・山科教興《のりおき》の殿上人《てんじょうびと》三人、諸大夫《しょだいぶ》四人、侍四人の計十一人と、行列の中で浮いており、とても一院司として供奉したとは思えない様相である。

当時、供奉公卿の御供は一人から四人がほとんどで、摂関家が供奉した四条天皇葬儀の例をみても、左大臣二条良実の御供が六人と義満に及ばない。その御供の構成も、雑色《ぞうしき》とよばれる下級従者中心で中堅層の諸大夫の御供ですら僅少である。公卿・殿上人を従えた義満の御供は、破格な一団といえ、公家・武家社会からの視線への権威誇示という効果においては覿面《てきめん》であった。

そして、先ほど義満の他にも素服を賜っていないにもかかわらず供奉していると、万里小路嗣房・日野資教・中山親雅・町資藤の四人の公卿をあげた。この四人と、御供筆頭の日野重光は、義満の扈《こ》従《じゅう》公卿と考えられる。扈従公卿とは、武家である義満に公家である貴族が文字通り付き従う公卿のことで、百瀬今朝雄《ももせけさお》氏（百瀬一九八六）が足利将軍家へ参仕する公家衆（学術用語で「家礼《けらい》」といわれる）の姿を指摘したことから定説化した。義満は公家としての家政機関も構築していたのである。

後円融葬儀の四ヶ月後に行われた石清水《いわしみず》放生会《ほうじょうえ》において、義満は上卿《しょうけい》（参仕公卿の筆頭）を勤めているが、放生会に扈従した五人の公卿と比較してみると、実に嗣房・資教・親雅・重光の四名が両方に関わっている（残り一人は中納言中院《なかのいん》通宣《みちのぶ》）。つまり、院から素服を賜わらなかった公卿は、義満の家政機関に関わる人物と位置付けられる。

義満は、〝外戚枠〟でも〝近習枠〟でもなく、公家社会の中で摂関家同様の別の権門（「イエ」）の長（武家の長ではない）として供奉したのであろう。「天皇家」という「イエ」的儀礼に、他の「イエ」が列した義満の筆頭供奉は異質といえる。

その理由は、石原氏が指摘する天皇家の執事として、後光厳流「天皇家」と足利将軍家の昵懇さのアピール、島津氏が指摘する、ライバル「天皇家（もしくは天皇家に転じる恐れがある「宮家」）」を牽制するため、「一段の懇志」を演出し、後光厳流「天皇家」全面支援の具現化という見解も的を射ていよう。

もう一点、付け加えるならば、義満が無類の〝儀礼マニア〟という点である。義満は、北朝四代の摂政・関白を務めた当代一の知嚢者《ちのう》二条良基《よしもと》を儀礼作法の師匠とし、足利尊氏・義詮の代は武士が得た朝廷官職は装飾にすぎなかったが、実際に公卿として朝廷儀礼に公式参仕し〝本当に公家を演じた〟のである。その公家としての作法の技量は、義満が大納言時代に勤めた白馬節会《あおうま》の外弁《げべん》では、「その作法はとても優美であり、天性のなせるところか」（『愚管記』）と、公家たちも唸らせるほどの評価であった。義満は、その他の節会や宮中年中行事への内外弁を勤仕し、さらには石清水放生会や春日社への参詣、そして後小松天皇の践祚《せんそ》・即位・大嘗会など、数多くの儀礼に関与した。他の公家に伝授できるほど朝廷儀礼の奥義を極めた儀礼マニアの義満にとって、天皇葬儀は〝出てみたい〟という欲求が溢れ出る儀礼であったのではなかろうか。

そんな儀礼マニア義満も、後円融葬においてミスを犯す。冠婚葬祭において衣装の選択ミスをして恥を掻いたという話はよくあるが、義満はまさしくそのような失態をしてしまう。

天皇の葬列は、御幸の体裁が取られ、貴人の外出着である狩衣《かりぎぬ》もしくは正装である衣冠《いかん》に藁沓、そして指貫の裾を膝下で上括にするスタイルである。ところが、義満は直衣《のうし》に下結《したぐくり》という出で立ちにて参列した。当然、他の供奉人は狩衣に上括という装束の中である。

異例なことを記録するのが大好物である公家社会では、葬儀関連の記事を所収した部類記『凶事部類』にて「下括に藁沓は先例がない、藁沓を履くときは切袴（上括と同義）である」としっかりと記録されてしまった。

四条葬儀における二条良実・一条実経の左右大臣兄弟も上紙に藁沓で供奉しており、のちに後花園天皇の葬儀に供奉した足利義政も、上紙に藁沓にて供奉している。残念ながら、中世の天皇葬送の供奉においては、このようなミスを犯したのは義満ぐらいである。

義満の意思によって何かしらの意図があり、このような格好にて供奉したことも否定しきれないが、おそらくは、衣紋《えもん》のミスであろう。衣紋とは、現在でいうスタイリストであり、足利将軍家の衣紋は高倉《たかくら》家である。高倉家は、高倉永季《ながすえ》の代に後光厳・後円融・後小松の三代の衣紋を務め、公卿にまで昇格した。ただし、足利家の衣紋となるのは高倉永行《ながゆき》の代であり、後円融葬が行われたとき、永行は前年に父永季から家督を相続したばかりである。すでに、義満の衣紋となっていたかは判然としないが、この点が衣装の選択ミスの原因となった可能性は高い。

以上、中世天皇家の葬儀は、縁者や素服を賜った近習中心の供奉によって行われるが、義満後も武家の扈従公卿を交えた形へと変化しているかが、一つの読み解くカギとなる。

ちなみに、足利将軍家の葬儀にも触れておく。義満、六代足利義教、八代足利義政の葬儀を見ると、公家側の参列者は足利将軍家への扈従公卿に限定されており、盛大ではあるものの国家的儀礼とはいえず、足利将軍家の葬儀もまた「イエ」的儀礼といえる。

さらに、摂関家の葬儀においても、家司《けいし》の参列が主流で行われており、朝廷や幕府が関わることのない「イエ」的葬儀である。

後光厳流流儀の形成と追善仏事

中世の「王家」の中には、複数の「天皇家」や「宮家」が存在するという学術的分析概念は先に述べた。その中で、「正統《しょうとう》」という〝冠〟を得るのは、ある意味、傍流でも中継ぎなどで一応は即《つ》くことができる「登極」（天皇位）という冠を得るより難しいのかもしれない。

正統という語を用いた史料として著名なのが、南朝の忠臣北畠親房《ちかふさ》の『神皇正統記《じんのうしょうとうき》』であろう。親房は、皇位継承順を「代」＝「凡《およそ》ノ承運《しょううん》」と「世」＝「マコトノ継体《けいたい》」に分けており、「世」は正統のみにしか列に加えていない。よって、親房が正統とする大覚寺統の中継ぎ以外の天皇には「代」「世」の両方に数え、持明院統の天皇には「代」にしか数えていない。たとえば、大覚寺統の祖である亀山《かめやま》天皇は「第八十九代」「第四十七世」であるが、持明院統の伏見天皇は「第九十一代」のみで「世」には数えられていない。

また、崇光流こそが正統であると説いた崇光孫の貞成《さだふさ》親王の『椿葉記《ちんようき》』も、別名が『正統廃興記《しょうとうはいこうき》』と正統という語が用いられている。公家社会において、正統か否かが大きな問題であったのは動かしがたい事実である。

さて、正平一統による崇光幽閉と後光厳天皇擁立は、持明院統を後光厳流「天皇家」と崇光流「天皇家」に分裂させた。血脈的には、正統は崇光流であったが、幕府はイレギュラーな形で後光厳を即位させた以上、その即位を正当化するために、後光厳流「天皇家」を正統に据える必要があった。幕府の後援を背にし、後光厳流「天皇家」は、天皇が習得すべき公事作法や学芸を後光厳流の流儀へと塗り替えていくのである。

とくに、先祖への意識が色濃く見出せる追善供養は、「イエ」要素を見る上でも、重要な素材である。南北朝期では、両朝共通の祖の一人である後嵯峨《ごさが》天皇の追善仏事を催すことで自身の皇統の正統性をアピールした。たとえば、光厳院政は北朝の正統性を強調する手段として、後白河・後嵯峨・伏見・後伏見天皇の国忌に法華八講《ほっけはっこう》を行い、南朝に対抗した。

法華八講とは、「諸経の王」（すべての仏教経典の王）といわれる法華経八巻を、顕密僧が八座に分けて講義解説する追善仏事であり、規模が大きいため国政機関により運営されることが多い。

正平一統による持明院統分裂後も、治天の君に擬された広義門院が、後光厳天皇践祚に正統性を与えるため後鳥羽の追善供養を行なっている。

後光厳流の流祖である後光厳への追善仏事を見ていくと、永和《えいわ》元年（一三七五）の一周忌は、後光厳の仙洞御所であった柳原殿にて、葬儀にも参列した愛娘治子内親王の沙汰で法華八講が行われた。国家機関ではなく家政機関により主催されていることから、一周忌の仏事においては「イエ」的仏事であった。

ところが、三回忌では国家的仏事にすべきか「イエ」的仏事にすべきかで論争が行われた。諮問を受けたのは摂関家の関白経験者（二条良基・九条教忠《のりただ》・近衛道嗣）などで、これまで勅願寺における法華八講が「公家沙汰」にて行われた先例をあげ、後光厳流の菩提所となる安楽光院にて国家的仏事として八講が執り行われた。後円融執政期は、個人的な仲こそ険悪だが、義満の支えもあり、国家的仏事として安楽光院にて法華八講が継続された。後光厳は国家的仏事により弔われる正統なる天皇、という意識を公家社会に植え付けていったのである。

十三仏事の最後にあたる応永《おうえい》十三年（一四〇六）の三十三回忌では、家政機関による「イエ」的な御懺法講《おせんぼうこう》のみで、国家的仏事としての法華八講は行われていない。実は、前年に後円融天皇の十三回忌が行われており、こちらは最も大規模な国家的仏事の宸筆八講《しんぴつはっこう》にて弔われた。応永期にたびたび関白に任じられ後光厳流「天皇家」を支えた一条経嗣《つねつぐ》は、後光厳の三十三回忌が内向けの御懺法講のみということに対し「懺法《せんぼう》は近代の厳儀にあらず」と、不信感をあらわにした。流祖の供養において、国家的仏事である法華八講が、いかに正統性の付与に重要かが読み取れよう。

御懺法講とは、天皇みずから仏菩薩に懺悔し、御経を読みながら周囲をめぐり、天皇が楽器の所作を行う音楽会も兼ねる、内向けの「イエ」的仏事である。

この事例を読み解くカギは、時の最高権力者足利義満にあろう。義満はすでにこのとき出家しており、僧衆の一人として懺法の仏事を仕切った。朝廷儀礼の奥義を極めた儀礼マニア義満の本領発揮といったところであろう。義満は、僧としても儀式の主役に立ちたかったのである。そのため儀礼マニアにとっても難解で他の高僧に主役を譲らなければならない法華八講を避けたのではなかろうか。

後円融に対する追善仏事も、後光厳同様に三・七回忌は法華八講を行い、十三回忌は義満の積極的な参加のもと、応安三年（一三七〇）の光厳七回忌を範にした宸筆八講が開催された。そして、異例ともいえる二度目の宸筆八講を三十三回忌にも催している。十三仏事の最後の二回を連続して宸筆八講にしたことは、すでに皇統の正統は、後光厳「天皇家」の掌中にあるといえよう。

では、ライバルの崇光流はというと、残念ながら史料の残存がさほどよくはない。流祖崇光天皇への追善供養は、三十三回忌についてはその様相を知ることができる。その内容は、後小松上皇や足利義教からの金銭的援助はあるものの、「イエ」的仏事に終始している。おそらく他の十三仏事も内々で小規模な追善供養であったといえ、やはり崇光流の分はよくない。

第三章　後小松葬にみる皇統の揺れ

後小松天皇の困った二人の息子

足利将軍家による強力な支援により、後光厳流流儀の牙城を築きあげ、磐石かに思えた後光厳流「天皇家」だが、後小松天皇の病弱な二人の皇子から歯車が狂い始める。後小松には、光範門院《こうはんもんいん》資子との間に躬仁《みひと》（のち実仁《みひと》）王と諱《いみな》不明の小川宮《おがわのみや》と呼ばれる二人の皇子がいた。

躬仁は、親王宣下を受けた翌年に父後小松の譲位を受け即位し、称光《しょうこう》天皇となった。しかし、称光は病弱でありながら暴力的という、名君とはほど遠い人物であった。近臣や女官たちをムチで打ち付けたり、弓矢で射たりとやりたい放題の乱暴者であり、そのうえ被害妄想癖もあり、懐妊した女房の密通を疑ったりもした。その粗暴ぶりは、父後小松や四代将軍足利義持も手を焼くほどであったが、後光厳流の血脈を保つためにはこのやんちゃな天皇の皇子降誕を期待するほかなかった。皇太子を儲けなければならないという重圧も、奇行の要因の一つとも考えられる。

しかし、残念ながら皇子を儲けることはなく、生来の病弱さから体調を崩し、年を追うごとに悪化していった。

そこで、弟小川宮を皇太弟とすることで、後光厳流「天皇家」の継承策を図った。だが、小川宮も兄に劣らず粗暴であり、後見役の勧修寺経興《かじゅうじつねおき》も困り果てるほどであった。ちなみに、勧修寺邸は小川殿ともよばれており、小川宮の名はこの小川殿にて養育されたことによる。

称光と小川宮の兄弟仲は険悪であり、兄がかわいがっていた羊を頼み込んで譲り受けたはいいが、即座に撲殺するというエピソードがその不仲を物語る。また、酒癖も悪く、正月に泥酔し、妹を犯しにかかり、母資子たちから引っ剥がされるという失態も演じている。さらには、どうやら女官との女性関係のもつれから、またもや泥酔して童か女性に変装し、武器を携え内裏に乱入しようと企て、後見役の経興と父後小松を困らせている。

しかし､病状が悪化の一途を辿る称光に皇子の誕生が期待できない以上､この乱暴者に後光厳流「天皇家」の行く末を託すしかなく、小川宮を皇太弟に据えた。憎たらしい弟が次代天皇と決まったことにより、称光はますます精神不安定となり、父後小松とも対立するようになる。

ところが、小川宮は立太子を翌月に控えながら、応永三十二年（一四二五）二月に二十二歳の若さで急死する。乱暴者ではあったが、兄とは違い病弱ではないことから、さんざん手を焼かされた後見役の経興による毒殺が疑われるほどであった。

真相は現存の史料ではうかがい知ることはできないが、頼みの皇太弟の薨去により、後光厳流「天皇家」は危機的状況を迎える。当時の記録には、父後小松の憔悴ぶりが相当なものと記されている。

それはさておき、小川宮の葬儀を見てみる。小川宮は龍樹寺宮《りゅうじゅじのみや》と追号され、泉涌寺の末寺の永円《えいえん》寺《じ》にて葬送の儀が執り行われた。葬儀の手配は、後小松が憔悴しきっておりとても采配できる状態ではなかったので、足利義持が沙汰を行なった。ただ、義持も息子足利義量《よしかず》が危篤状態であり（この十一日後に死去）、義量も跡継ぎを残すことができなかったことから、自身の境遇と重ねていたのかもしれない。

永円寺は、先に述べた安楽光院の再興に尽くした誠蓮上人がいた寺院である。葬場には、光範門院の父（実父は日野西資国《ひのにしすけくに》）である日野資教《すけのり》、後見人の勧修寺経興など、日野・勧修寺両家の人々が参列した。そして中陰仏事は、小川宮が育った小川殿にて執り行われることとなった。

足利義持画像　東京大学史料編纂所蔵模写

齢《よわい》五十の後小松と病弱の称光父子のみが残された後光厳流「天皇家」の男系だが、皮肉なことにライバル崇光流の伏見宮家には、応永二十六年（一四一九）に彦仁《ひこひと》王、同三十二年には貞常《さだつね》王と、元気な男の子が生まれており、日陰だった宮家へにわかに光があたり始めた。

血筋が絶えた後光厳流「天皇家」

そして、ついに称光の命運も尽き、正長《しょうちょう》元年（一四二八）七月二十日、弟小川宮の後を追った。二十八歳の若さであった。

朝廷では、称光が危篤状態になると、崩御前から話し合いが重ねられた。最も恐れていたのが、南朝すなわち大覚寺統「天皇家」の存在である。

明徳三年(一三九二)の南北朝合一では、交互に天皇を出す両統迭立を約束していた。しかし、北朝(持明院統)と南朝(大覚寺統)の勢力差は顕著で、絶対的権力者足利義満の前には、そのような約束は画に描いた餅であり、約束は反故にされた。大覚寺統「天皇家」は「宮家」まで降格し、さらにはことごとく出家させられ、「宮家」としての維持も困難な状態であった。それでも、すでに崩御していた後亀山天皇の皇子たちは機会をうかがっていた。

そして、時は来た。憎き後小松「天皇家」の継嗣が尽きたのである。この機会に、南朝の忠臣北畠親房のひ孫とされる北畠満雅《みつまさ》が、さっそく後亀山孫の小倉宮聖承《おぐらのみやせいしょう》を担ぎ、伊勢にて挙兵した。

一方、室町幕府では、称光崩御と同じ年の正月に足利義持が亡くなり、くじ引きにより青蓮院義円《ぎえん》が還俗し、足利義宣《よしのぶ》(のち義教。以下、義教で統一)として六代将軍に就いたばかりであった。義教の考えは、持明院統「天皇家」による皇統の継承であり、大覚寺統から天皇を迎える気など毛頭ない。ましてや、挙兵までして皇位を奪おうなど言語道断である。義教は、満雅を断じて許さず、伊勢守護土岐持頼《ときもちより》・美濃守護土岐持益《もちます》らに満雅攻撃を命じ、南朝残党への強硬な姿勢を崩さなかった。

さて、問題は称光の後継者である。義教の腹は決まっており、持明院統「天皇家」の二大閥の後光厳流「天皇家」がダメなら、崇光流「天皇家」（当時は「宮家」にまで転落していたが）からという理論である。幸い、崇光流伏見宮家の当主貞成親王には、彦仁王という十歳の男の子がいる。彦仁こそ、持明院統「天皇家」の救世主である。

称光が七月六日に危篤に陥ると、早速、義教や関白二条持基《もちもと》を中心に、十一日に密議が行われた。満済の日記『満済准后日記』からは、称光の崩御は時間の問題ということと、新帝に誰を据えるか、出奔した小倉宮の対処について話し合われたことがわかる。

結論は、彦仁への皇位継承だが、問題は、ライバル崇光流への皇位継承をどのように後小松へ報告するかであった。とはいえ後小松とて、崇光流に皇位をやるくらいならば大覚寺統へとは思ってはいないことから、不本意ではあるが受け入れざるをえない状況であった。後小松への奏聞は、十六日に関白持基を介して行われることに決定したが、この奏聞までの五日間に、彦仁即位への外堀を埋めておかねばならない。

十三日、慎重かつ大胆な計画が始動した。彦仁は密かに、洛東にある若王子坊《にゃくおうじ》（現・熊野若王子神社）へ入り、いつでも参内できる状態となった。その様相は、女房の出御の出で立ちにて、輿の担ぎ手などは管領畠山満家《みついえ》が出し、播磨守護の赤松満祐《あかまつみつすけ》警固のもと、隠密に行われた。息子の回復を信じる父後小松の思惑をよそに、水面下では着々と彦仁擁立に向けて動いていたのである。

そして十六日、後小松へ彦仁即位の奏聞が行われた。後小松の返事は「猶子としてならば」と、あくまで後光厳流「天皇家」の猶子として後光厳流を継承することを条件として了承された。幕府と朝廷の中次役である伝奏《てんそう》の勧修寺経成《つねなり》は、この決定を聞いた後小松の反応に内心ハラハラであったが、義教が最終判断を後小松に任せたことで、むしろ喜んだことに安堵している。

後小松の了承を得た義教は、牛車などを自身で手配し、管領満家の厳重な警固のもと、さっそく彦仁を後小松の仙洞御所へと移した。まだ少年の彦仁は、子どもの装束である半尻《はんじり》姿での入御であった。

彦仁は二十九日に践祚し、後花園天皇となる。乾坤一擲の大勝負を制し、父栄仁の無念を息子が果たすことができた貞成は、崇光流こそが王家の正統であることを述べた『椿葉記《ちんようき》』にて、「落ちぶれた家から天皇を出すことができた。天照大神《あまてらすおおみかみ》や八幡大菩薩の神慮ではあるが、不思議な幸運に恵まれた」と、その喜びを爆発させている。「宮家」までに凋落していた崇光流「天皇家」のお見事な復活劇である。

だが、事はそうは簡単なことではなく、後花園は後光厳流と崇光流のどちらを継承したのかの皇統解釈をめぐる大論争の幕開けでもあった。

称光葬を差配した足利義教

七月二十日、ついに称光は、内裏の仏間である黒戸御所《くろどのごしょ》にて崩御した。実質上、在位中の崩御である。現在の慣習と同じく、臨終後は北枕へと向きを変える。いわゆる「北首之儀《ほくしゅのぎ》」と呼ばれる儀だが、侍従《じじゅう》大納言の三条西公保《きんやす》と、少納言の西坊城長政《にしぼうじょうながまさ》によって執り行われた。朝廷儀礼を熟知する中山《なかやま》定親《さだちか》の日記『薩戒記《さっかいき》』には「殊《こと》に昵近人《じっきん》」と記されており、近臣中の近臣が北首之儀を行うのだろう。のちの後土御門《ごつちみかど》天皇の北首之儀においても三条西実隆《さねたか》（侍従大納言）と東坊城和長《ひがしぼうじょうかずなが》（少納言）の、同じ三条西家と菅原家（西坊城も東坊城も菅原姓）が勤めており、和長は「自然《じねん》の先規なり」と評している。仏に導かれるままということだろうか。

近習が関われるのはここまでであり、南北朝期の北朝天皇家の葬儀同様に、入棺以降は泉涌寺の律僧による「一向沙汰」として行われ、俗人が知ることができなかった。

費用についての記録も残っており、幕府から二万疋《ひき》（約二〇〇〇万円）が泉涌寺へ給付されたことがわかる。棺を乗せる牛車には賀茂祭の赤糸毛車が用いられており、泉涌寺の僧が同乗することとなった。

追号については、後小松の意向により、後光厳や後円融のような、「後〇〇」ではなく儒家の勘進から新たな称号を選択し、称光院と決まった。天皇号も新作の場合は、年号と同じく儒家から勘進された案を公卿たちにより議論される。今回は、淳和天皇と陽成天皇からそれぞれ一字を取った「淳陽」号も勘進されたが、順徳号選出時に一度落選していることから、称徳天皇と光仁天皇からそれぞれ一字を取った「称光」号に決まった。

後小松の意向とは反対に、関白持基以下は「後〇〇」とすべきとの意見であった。しかし、崇光流の彦仁の即位を了承したのだから、これくらいの要求は飲むべきであり、新作となった。

次に、在位中の崩御であり、称光葬を天皇葬とすべきか太上天皇葬とすべきかが議論された。具体的には、葬列を行幸《ぎょうこう》（天皇のお出かけ）とすべきか、御幸《みゆき》（上皇のお出かけ）とすべきか、ということである。結論は、両方の要素を入れ、行幸とも御幸ともとれる形態でいこうということになった。

葬儀の前日、後花園の践祚が行われた。内裏は死穢に満たされているゆえ、三条公冬《きんふゆ》邸を内裏と見立てて、剣璽《けんじ》渡御《とぎょ》の儀が行われた。明記はされていないものの、おそらくは「如在之儀」により、譲位の儀が行われたのであろう。これで、称光「天皇」は称光「上皇」となったのである。そして翌日、上皇として葬儀が行われた。

『薩戒記』の目録からは、後小松により蔵人《くろうど》すべてが供奉するように命じられたことがわかる。蔵人は、天皇の家政機関である蔵人所の職員である。院庁を開く前に崩御した称光には院司がおらず、院司中心であった中世天皇葬儀を行うにあたって、蔵人は葬儀において院司としての代役を期待されたのであろう。

称光葬には、大納言の土御門資家《すけいえ》以下の八名の公卿が供奉しており、いずれも後小松・称光のどちらかの近臣だと考えられる。後円融葬では、狩衣・藁沓・上結と葬列供奉の出で立ちであったが、今回は参内時の正装である衣冠《いかん》や直衣に、上結をして藁沓を着すという出で立ちであった。狩衣・衣冠・直衣と装束にはばらつきがあるが、上結と藁沓は共通している。

そして、中陰仏事も他の後光厳流の天皇と同じく安楽光院で行われ、葬儀は泉涌寺、追善供養は安楽光院という、後光厳流の流儀はしっかりと継承されていたのである。

では、後円融葬に足利義満が供奉したように、足利義教の動向はいかがであろうか。義教は、先に述べたように、この年の正月に足利義持の死により家督を継いだばかりである。また、還俗直後で、将軍宣下もまだ受けておらず、官職も左馬頭《さまのかみ》と昇進途上であった。

この葬儀において、まだ官位が低い義教は供奉することはなかった。もし公式に供奉するのならば、公卿ではなく殿上人の扱いにて列に加わらねばならず、武家の長としての面目が潰れるであろう。義教は、三条京極のあたりで密かに見物することにした。前日の後花園践祚も土御門高倉から見物しており、従四位の左馬頭義教にとって、これが現実的な対処であろう。

しかし、今回の皇位継承劇と称光葬を差配したのは紛れもなく義教であり、供奉こそはしないものの、葬儀の主導権はしっかり握っていた。今回の不供奉は、官位などの諸条件がそろわないためと考えられ、義満が供奉したときのような条件が整えば、足利将軍家の家例により供奉したのかを検討しなければならない。それは、父義満と同様の左大臣にまで昇進した後小松の葬儀時に明白となる。

足利義教と後小松法皇の葬儀

永享五年（一四三三）十月二十日、後光厳流「天皇家」の牙城にて男系最後の生き残りであった後小松法皇が崩御した。五十七歳であった。

まず、大外記《だいげき》の中原師郷《もろさと》の日記『師郷記』から、山陵・国忌・百官素服・挙哀の停止の遺詔が奏上されたことがわかり、固関や廃朝も行われた。

しかし、諒闇に関しては大論争となる。諒闇とは、天皇が父母の喪に服すことで、今回諒闇を行えば後花園天皇の父は後小松となり、後花園は後光厳流を引き継いだことになる。一方、行わなければ、後小松は父ではないということになり、実父の貞成が継承している崇光流を引き継いだことになる。このように、諒闇か否かは両流にとって非常に重要な問題であった。

称光天皇の崩御時、たしかに後花園は後小松の猶子として即位した。しかし、自身が亡くなった後もその約束が履行される保証はどこにもなかった。将軍義教は、同じ諸家出身の貞成との仲は良好で、反対に後小松との個人的な仲は険悪であった。義教は、天皇の執事的立場であるから、仕事的には後小松院政を支援するが、個人対個人に関しては別問題である。義教にとって自身が執事を務める「天皇家」は、大覚寺統でさえなければ、後光厳流・崇光流どちらでも支障はなく、猶子関係が反故にされる恐れがある。と、後小松は考えたのか、自身の危惧を払拭するために以下の遺勅を託していた。その遺勅を読んだ黒衣の宰相満済は涙した。内容は、後光厳流を断絶させぬようにということと、追号を後小松とすべしとの二点である。

「後小松」号については、光孝《こうこう》天皇の別号小松帝を意識したもので、義教により小松内府（平重盛《しげもり》）

の凶例への言及がなされたものの、本人の意思を尊重し、すんなり後小松天皇に決定した。光孝を選択した意図としては、自身の皇統の祖にあたることが考えられよう。

問題は、後光厳流の維持である。満済は、義教の諮問に対し、正平一統時に南朝方へ拉致された崇光天皇が子孫の皇位継承を断念した誓約書と、後光厳天皇即位時に固く交わされた契約に触れ、遺勅により後花園は後光厳流を継ぐべきだと主張した。その延長線上に起こったのが諒闇問題である。

諒闇か否かは、両流にとって絶対に譲ることのできない事項であった。調停役を任せられた形の義教は、故実に詳しい前摂政一条兼良に先例を諮問し、兼良から以下のような先例の返答を得た。

一、父帝崩御時の諒闇は、神武《じんむ》天皇以来毎度行われており異論はない。

一、父帝にあらずとも譲国の恩による諒闇例は、天智《てんじ》―天武《てんむ》、淳和《じゅんな》―仁明《にんみょう》、後白河《ごしらかわ》―後鳥羽《ごとば》の例がある。

一、猶子による諒闇例も淳和を擬父とした仁明、後白河を擬父とした後鳥羽例がある。

一、譲国や猶子もなく、皇位を引き継いだことによる諒闇は、称徳《しょうとく》崩御時の光仁《こうにん》例がある。

一、実父が生存中、擬父に対する諒闇例は、実父嵯峨《さが》生存中に行われた仁明例がある。

一、異姓・他人といえども帝を引き継いだことによる諒闇は、異朝（中国）では多くある。

このような先例をあげて、兼良は以下のように主張する。

今回は、仁明天皇が淳和天皇を擬父（猶子関係による父）として行なった諒闇と同じであり、仁明は、実父嵯峨が生存していても擬父淳和の崩御時に諒闇を行なった。つまり、実父貞成は生存しているけれども、後花園は擬父後小松への諒闇を行うべきである、と後光厳流有利の主張をした。

一方、逆張りしたのは、関白二条持基である。持基は兼良案に対して、以下のように主張する。継体《けいたい》天皇は応神《おうじん》天皇五世孫として皇位に即き、新たな皇統を開いた。また、皇極《こうぎょく》天皇も敏達《びたつ》天皇のひ孫として即位し、一代非天皇を挟んだ後の即位では光仁天皇（天智天皇の孫）と後堀河《ごほりかわ》天皇（高倉《たかくら》天皇の孫）の事例がある。後花園が崇光の四世孫として皇位を継承することには異論がない、と崇光流支持の主張をした。

朝廷きっての知嚢者同士である一条兼良と二条持基の対決だが、討論ではなく意外な決戦方法がとられる。足利義教が将軍に就いたときのように、〝くじ引き〟による決戦である。

持基は、あとはくじ引きにより神様の判断に任せるほかはなく、それ以外だと後花園の判断を仰ぐことになってしまうとの考えであった。いわゆる聖断は、重大な責任問題にも繋がるため、中世の天皇にはまず求められない。

くじ引きの提案に対し兼良は、後花園はすでに後小松猶子として即位したのにもかかわらず、いまさら継体の例を出して崇光流継承の論理とし、くじ引きに至ったことを「聊爾《りょうじ》」（思慮がかけている）と内々に述べるも、了承した。よって、神祇伯《じんぎはく》（神祇官の長官）白川雅兼《しらかわまさかね》と祭主《さいしゅ》（伊勢神宮の長）大中臣清忠《おおなかとみきよただ》が、それぞれの宿所でくじを取り、吉田神社神主吉田兼富《かねとみ》も内野《うちの》（大内裏跡）に残存していた神祇官（実際は穢《ケガレ》があったため門前）にてくじを取った。結果、二（白川・大中臣）対一（吉田）により諒闇に決まった。後花園は錫紵を着し、十三日間倚廬へ籠もった。辛うじて、後光厳流は継承されたのである。

現代人からすると、皇統の正統を決める一大事をくじ引きとは、いささか理解に苦しむところだろう。だが、この論争の裁定役の足利義教も、石清水八幡宮のくじ引きにより将軍の座に就いた。そして義教は、〝くじ引き将軍〟との評価に関しては劣等感を持っていた。清水克行《しみずかつゆき》氏（清水二〇一〇）は、くじ引きは父足利義持が神仏への信仰心が厚かったことによる指名方法だが、中世においては、くじ引き＝「神慮《しんりょ》（神のみこころ）」には一定の信用があったとする。くじ引きが正当な後継者決定方法との評価を確立するため、義教は「神慮」を重視した政治を展開し、ことあるごとに真相究明手段として湯起請《ゆぎしょう》（熱湯の中の石を拾わせ、手がやけどすれば有罪で、無事であれば無罪とするもの）などの神判《しんぱん》を用いたとする。そして清水氏は、神に選ばれし将軍との使命感を植え付けたと説く。真偽のほどはわからないが、神に選ばれし皇統との〝くじ引き仲間〟を増やしたい意図だったのであろうか。

しかし、諒闇論争に敗れたとはいえ、崇光流の貞成は、義教が当方を贔屓してくれたことを喜んでいる。瀬田勝哉《せたかつや》氏（瀬田一九八二）も、義持は崇光流を贔屓《ひいき》していたが、後小松猶子として即位した以上、論理的には諒闇だったため、「くじ」という神慮に持ち込んだとする。義教としては、論戦では勝てないから、一か八かのくじ引き決戦に持ち込んだのである。

その一か八かの神慮の結果、後花園は後光厳流であることが再確認された。しかし、これにより決着したのではなく、その後、皇統解釈をめぐる事件があると、解釈論争が起こり、後々まで引きずることとなる。

欠席した義教

後小松の葬儀における義教の状況は、明徳の後円融葬の義満とよく似ている。義教は、後小松院庁の大別当《だいべっとう》であり、官職も左大臣である。『満済准后日記』によると、当初、義教は供奉する予定であった。ところが、風邪を患ってしまい供奉が難しくなった。これに対し関白二条持基は、大臣は強いて供奉する必要もなく、明徳例は「別段の懇志」のためであり、病気による欠席は当然とした。満済も、大臣は必ずしも供奉する必要はなく、義満の例は「一段の懇志」の表れとし、持基の意見と同様であった。

義教は、兄義持よりも父義満の故実に従うという指向性があり、自身の帯びる官職などの状況が、明徳度の義満例と酷似している。義満が形成した故実の束縛は強い。よって、風邪をこじらせ供奉が叶わなかった義教は、現任大臣は供奉する必要がないことと、義満の供奉は後円融との別格の懇志関係（現実には後光厳流を強固にしなければならない状況）という〝いいわけ〟を、持基や満済に提示してもらい安堵した。心理学でいう自己正当化である。

結局、義教は泉涌寺で行われた後小松葬儀に義兄（義教室の尹子の兄）正親町三条実雅《さねまさ》を代官として供奉させるという形で、義満故実の束縛に対し一応の回答を出した。本来は、「イエ」的儀礼である天皇家の葬送には、近習や縁者の他は関わらないという慣習であり、ましてや現任の左大臣である義教は供奉しなければならない謂われはない。それでも、義満の事例に苛まれる義教なのであった。

では、後小松葬も「イエ」的儀礼であったのだろうか。葬儀に供奉した十人の公卿に注目すると、禁裏（後花園）から与えられる禁裏素服人と、後小松院庁から与えられる院素服人の二通りの供奉が見られる。院庁から素服を賜ったのは花山院持忠《もちただ》・柳原忠秀《ただひで》・広橋兼郷《かねさと》・四辻季保《すえやす》・四条隆盛《たかもり》の五人。後花園朝廷から賜ったのは、万里小路時房《ときふさ》・三条西公保・葉室宗豊《はむろむねとよ》の三人であり、素服人は合わせて八人である。二通りの素服公卿が供奉したことは、後花園が後光厳流を継承することになったとはいえ、もともとは崇光流の出身ということも考えられよう。

素服を賜らなかった二人の内、一人は義教の代官として供奉した正親町三条実雅である。もうひとりは三条公冬であり、前回の称光葬に続いての筆頭供奉となる。公冬は後小松の生母通陽門院《つうようもんいん》厳子の甥にあたり、外戚として供奉したのである（115頁　系図6）。

また、後円融葬では義満の扈従公卿も確認できたが、前年の義教の左大臣奏慶《そうけい》（任官お礼の参内）の扈従公卿と比較すると、実に公冬・持忠・季保を除く七人が両方に扈従している。素服を賜る近習であることには変わりはないが、供奉公卿の公武への両属性が見出せるのである。

猶子後花園は擬父をどのように追善したか

後小松への追善仏事の様相を紐解くと、注目点となるのが、猶子後花園が擬父後小松をどのように追善したかであろう。

一周忌においては、後花園から直接の関与はとくになく、後小松の旧御所において旧近臣たちによる御経《おきょう》供養《くよう》が見られるだけである。後光厳・後円融も一周忌は「イエ」的な仏事しか行われていないので、一周忌は葬儀や中陰供養の延長といえよう。

後光厳・後円融ともに国家的仏事として催された三・七・十三回忌だが、崇光流出身の後花園に替わっても、国家的仏事としての法華八講や、王家の家長が主催する「イエ」的仏事の御懺法講を行なった。後花園は後光厳の先例に従ってこれらの仏事を開催しており、後光厳流の流儀を忠実に踏襲しているといえよう。とくに、御懺法講では、後花園が後小松の「御執心」（『建内記《けんないき》』）だった絃《げん》（琴）を演奏したことがわかる。

一連の追善仏事に対する義教の対応は、義満が僧衆として主導したのとは違い、聴聞程度にとどめている。還俗しているというのもあるが、義教には仏事を仕切れるほどの技量はなく、さらにはよそ様の「イエ」の仏事に口を出すのは憚られたのであろう。

十三仏事の締めくくりである三十三回忌においても、院政を敷いた後花園主宰による「イエ的」御懺法講と「国家的」宸筆八講が連続開催されている。

後花園は首尾一貫して後小松を後光厳流の流儀で菩提を弔った。後光厳流を正統として認め、それと同時に、自身へも後光厳流の正嫡としての正統性を補完しているのであろう。

一方の実父貞成親王の追善供養は、伏見宮家による「イエ」的な仏事が細々と開催されている程度であり、後花園朝廷が公的に関わった形跡は乏しい。

後醍醐天皇の葬儀と山陵――南朝天皇の葬儀

大覚寺統「天皇家」についても目を向ける。後醍醐天皇と次代の後村上天皇の追号は、延喜《えんぎ》・天《てん》暦《りゃく》の治といわれる醍醐《だいご》・村上《むらかみ》天皇の徳政を意識したものとされる。南北朝の争乱などを描いた著名な軍記物『太平記《たいへいき》』には、「延喜天暦以来の聖主」や「多くは延喜の聖代を追っている」など、後醍醐が醍醐の延喜の治を強く意識していたことが記されている。

本書では、天皇葬礼史において醍醐・村上葬は画期と位置付けた。それは、土葬から火葬への転換や、山陵造営の中止など、この二天皇の代で天皇葬礼のあり方が大きな変革を迎えたからである。天皇親政を指向した後醍醐ははたして、自らの葬儀も醍醐に倣ったのであろうか。もしそうなら、〝死なない天皇〟とされる中世において、〝死ぬ天皇〟の復活という特異な現象といえよう。

延元四年（一三三九）八月十六日、後醍醐は吉野の山奥にて五十二歳で崩御した。残念ながら、後醍醐葬の手がかりとなる一次史料は少ない。先にあげた『太平記』は、明治期の歴史学者久米邦武《くめくにたけ》をもってして「太平記は史学に益なし」と酷評されるほど、すべてを史実としてそのまま鵜呑みにするには危険な史料である。

ただ、後醍醐の葬送内容を知る手がかりは、『太平記』くらいにしか詳しく書かれていない。『太平記』の「後醍醐天皇崩御事」というエピソードの中に、以下のような記事がある。

（後醍醐の）葬礼についてかねてから遺勅があった。臨終のままの姿で、棺を厚くし、御座をただして吉野山麓の蔵王堂《ざおうどう》の北東の林の奥に円丘を高く築きて、北（京都の方角）に向け葬った。ひっそりとした人気のない山の裏に、鳥が鳴きすでに日が暮れた。土墳の数尺の草が、涙も尽きてもいまだ哀愁は尽きない。

後醍醐は、嵯峨・淳和天皇の薄葬遺言とは対称的な遺言を残した。臨終のままの姿ということから土葬を希望し、円丘を高く築いた円墳を造営し、仇敵北朝に睨みをきかせるため北向きに埋葬してほしいという内容であったという。埋葬後、その墓所が土墳となっている。

『太平記』のすべてが創作というわけではない。この軍記物が記された応安年間（一三六八―七五）は、南朝から下ってきた貴族もおり、そういった人たちからの伝聞も反映されたと考えられ、真実も含まれている。よって、この記事をただの創作と一蹴するのは、あまりに稚拙な考証である。

後醍醐の遺言の有無については、北朝の一条経通《つねみち》の日記『玉英記抄《ぎょくえいきしょう》』に、後醍醐の遺勅により後醍醐号が贈られたことが記されている。大和国の興福寺大乗院などに子弟を入室させる一条家であるから、吉野がある大和国の情報には敏感といえる。後醍醐の遺勅自体は存在したと考えられよう。

葬儀方法はいかがであろうか。まず、埋葬地は蔵王堂の北東ではなく、如意輪寺《にょいりんじ》の後山にある塔《とおの》尾陵《おのみささぎ》であることは歴史学の実証により確定している。

中世では六条《ろくじょう》・後堀河・四条天皇といった若年崩御の天皇や、保元の乱直前の鳥羽法皇などの特殊な土葬例はあるものの、火葬が通例である。ただそれは、たとえ在位中の崩御であっても、「如在之儀」により譲位を行い、あくまで上皇として葬るからであり、醍醐・村上の時代の「天皇葬ならば土葬」という理論は残っている。死ぬことが許されない中世の天皇だが、もし後醍醐が、醍醐・村上葬以来の「天皇崩」＝天皇としての死として扱われたならば、醍醐・村上以来の土葬＋山陵造営も理論上は首肯できるのである。

塔尾陵図　「山陵図」　国立公文書館内閣文庫蔵
外池昇編『文久山陵図』（新人物往来社、2005 年）
より転載

国内最大の日本史辞典『国史大辞典』（吉川弘文館）の「塔尾陵」項（中村一郎《なかむらいちろう》氏執筆）では、「当時の陵は堂塔もしくは平地に葬って墳丘を造らなかったが、円丘を営んだことは、陵の形式変遷上特記すべきことである」と、その特殊性を記述する。後醍醐皇子の宗良《むねよし》親王によって編集された『新葉和歌集《しんようわかしゅう》』にも、「塔尾の御陵」を詠んだ哀傷歌があり、山陵の実在性を匂わせる。後醍醐のもう一人の皇子で九州経営を任された懐良《かねよし》親王からも、塔尾陵の造営料所が進献されたことをうかがわせる髻《もとどり》の文《ふみ》（矢野本『五条文書』）がある。髻の文とは、重要文書を敵中突破し運ぶ場合に、敵に気付かれぬように切り紙に細書きして密使が髻（髪を頭の上に集めてたばねたところ）の中に隠して運んだといわれるものである。村田正志氏（村田一九八三）は、古文書の形態から本物とみて間違いないとする。

百聞は一見にしかずで、実際に塔尾陵を検分すればよいと思われるかもしれない。しかし、江戸時代に入ると、天皇陵の調査と修陵（天皇陵の改修）が数回行われている。とくに、元禄十年（一六九七）から始まった元禄修陵と、文久二年（一八六二）から行われた文久修陵は規模が大きい。よって、造営当時の原形をとどめていない可能性がある。それでも、元禄修陵時の江戸幕府奈良奉行の調査記録によると、改修前にすでに円墳があり、陵戸《りょうこ》（陵を管理する人）も置かれていたという。戦前に各天皇の陵墓を調査した宮内省職員上野竹次郎《うえのたけじろう》の塔尾陵調査によると、墳丘部分は元禄修陵以前のものと指摘する。これらの状況証拠から、後醍醐崩御からそう時間が経たないうちに山陵が築かれたことは濃厚であろう。

次に、後醍醐の天皇崩の可能性について分析する。村田氏は『新葉和歌集』における、「後醍醐天皇」と「後村上院」の書き分けを指摘した。称光天皇が在位中に崩御したのにもかかわらず、その後、称光院として処されたように、中世では在位中崩御でも院号が贈られ、天皇号を用いられることはない。しかし、『新葉和歌集』ではほとんどが「後醍醐天皇」と記され、後村上は在位中の御製《ぎょせい》（天皇の歌）であっても「後村上院」と記される。『新葉和歌集』以外でも、北朝は「後醍醐院」と呼ぶのに対し、南朝の文書のほとんどは「後醍醐天皇」である。たとえば、後鳥羽・後宇多《ごうだ》・後醍醐菩提料所として西大寺《さいだいじ》に伊賀国嶋原保《しまはらのほ》地頭職《しき》の得分を寄進した後村上綸旨においても「後鳥羽院、後宇多院、後醍醐天皇御菩提料所」（『西大寺文書』）と、後醍醐のみ天皇と記している。後醍醐は、醍醐・村上葬以来の「天皇崩」扱いだったのではなかろうか。

だが、古代の大王の喪葬儀礼にて行われた挙哀・誄《しのびごと》・百官素服などの有無は知ることができない。つねに北朝と幕府の脅威にさらされる南朝を取り巻く厳しい情勢からも、葬儀は簡素なものだった可能性が高い。

後村上以降の葬儀は、後醍醐よりさらに史料的制約に苛まれる。正平二十三年（一三六八）に住吉《すみよし》行宮《あんぐう》で崩御した後村上は、河内国観心寺《かんしんじ》にて葬儀が行われた。火葬か土葬かは判然としないが、法華三昧院を建立し埋葬していることからも、山陵は営まなかったと考えられる。弘和《こうわ》三年（一三八三）に崩御したといわれる長慶天皇については、葬儀の様子をうかがうことができる史料は皆無といってよい。南北朝合一後の応永三十一年（一四二四）に大覚寺で崩御した後亀山天皇についても、崩御したとの事実の記事しか知られておらず、葬儀の詳細は不明である。村田氏は、近親・側近のみによる極めて簡素な葬儀と推測する。まさに、大覚寺統「天皇家」の葬礼は、大覚寺にて終焉するのである。

大覚寺統（南朝）の天皇追善については、その皇統名の通り、嵯峨野の大覚寺にて開催されるのが流儀である。しかし、吉野に逃れて以後は、北朝勢力下の大覚寺に赴くのは極めて困難であり、吉野にて開催されることとなる。

後醍醐に対する南朝側の追善仏事は、後醍醐が帰依した真言系の密教僧によって、曼荼羅供《まんだらく》などの追善祈祷が行われている。北朝勢力下の京の東寺においても、後醍醐の忌日には光明真言が唱えられたこともうかがえる。後村上への追善供養も後醍醐同様に、東寺系の真言僧による追善供養が行われた。

東寺系の真言僧による仏事が大覚寺統「天皇家」の「イエ」の流儀といえる。しかし、長慶以降の南朝天皇への追善供養の実態はほとんど見出せず、おそらくは大覚寺統「天皇家」に仏事を主催する人物がいなくなり、ゆかりのある寺院にて独自に簡素な追善仏事を行なった程度であろう。

第四章　二つの「御寺」と天皇葬儀

戦乱のなか義政が参列した後花園天皇葬儀

応仁《おうにん》元年（一四六七）に勃発した応仁の乱。すでに皇子の後土御門《ごつちみかど》天皇へと譲位していた後花園《ごはなぞの》上皇は、戦乱の終息を願うも叶わず、文明《ぶんめい》二年（一四七〇）、避難していた室町殿中の泉殿《いずみどの》にて五十二歳の生涯を閉じた。そのため、戦乱の中での葬儀となった。

状況は最悪といえ、天皇家の「御寺《みてら》」泉涌寺《せんにゅうじ》は戦陣として接収され荒廃しており、寺僧たちもクモの子を散らすように離散していた。そこで、室町殿に近い浄土宗の知恩寺《ちおんじ》（現・百万遍知恩寺《ひゃくまんべん》）の聖然《しょうねん》が念仏僧として後花園のもとに参入し、今後の対策を練った。葬儀は元応寺《がんのうじ》の恵忍が沙汰することとなり、遺体は暗闇に紛れて泉殿から聖寿寺《せいじゅじ》へと密かに運ばれた。

元応寺は北白川の律院であり、後醍醐《ごだいご》天皇の勅願寺である。聖寿寺は、後花園皇女の安禅寺宮観心《あんぜんじのみやかんしん》が疎開した寺院である。運ぶための力者《りきしゃ》は相国寺《しょうこくじ》塔頭《たっちゅう》の雲頂院《うんちょういん》と知恩寺が用意したが、遺体を乗せる板輿《いたごし》は観心が用意し、遺体の沐浴も観心が沙汰をした。観心は、実に献身的な娘であった。

葬儀場となったのは、悲田院《ひでんいん》である。悲田院は、もともとは貧窮者・孤児の救済施設で東西二院があったが、中世には律宗寺院となり、室町期までには泉涌寺の末寺となっていた。現在、後花園の火葬塚が京都市上京区の大應寺《だいおうじ》にあることから、ここに悲田院があったと考えられる。

葬儀は、戦乱のため御前僧《ごぜんそう》もそろわないという異例の中、「一向律家沙汰」（『宗賢卿記《むねかたきょうき》』）であった。関係寺院は律・念仏僧であることはこれまでとは変わりないが、みな崩御場所に近いことが特色である。やはり、戦乱の中の葬儀というのが影響しているのであろう。

このときの室町幕府将軍は、八代足利義政《よしまさ》である。前左大臣という立場であり、後花園の院執事も勤めていた。義政も現任の大臣でこそないが、足利義満・義教と状況が似ている。

石原比伊呂《いしはらひいろ》氏（石原二〇一五）は、義政は天皇家の執事という義持・義教型を踏襲したとするが、室町殿にて同居したことにより、後花園との行きすぎた昵懇関係が馴れ合いとなり儀礼社会を解体させたとする。

その義政は、葬儀に対しどのように臨んだのかを確認する。義政は、明徳《めいとく》の義満の先例に従い供奉した。装束は、烏帽子《えぼし》に直衣《のうし》、そして膝下は上結《うわくくり》に藁沓を履くという、供奉公卿の出で立ちにて参列した。明徳例により直衣を着すが、上結にしていることから、義満の下結《したぐくり》は、やはり異例といえる。

義政は、生前の昵懇関係を物語るかのように、夫人日野富子《とみこ》らとともに足繁く中陰《ちゅういん》仏事へと参仕した。その一方で、幕府の舵取り役である管領細川勝元《かつもと》は、後花園葬に関しては消極的であった。

まず、勝元は戦乱中の歩行は危険であると義政の供奉を中止させようとした。義政は、勝元の制止を振り切り、危険な乱中供奉を強行したのである。さらに、葬儀場となった悲田院は細川軍の陣中にあった。茶毘に付すための火屋を作るのに陣屋を取り壊すことから「陣中迷惑」（『大乗院寺社雑事記《だいじょういんじしゃぞうじき》』）と、戸惑っている。

そのような中でも、義政は盛大な葬列をしつらえた。行列には義政を筆頭に十一人の公卿が供奉している。十一人の内、近習の役目でもある後花園院庁の御番役を務めていたのは、柳原資綱《すえつな》・甘露寺《かんろじ》親長《ちかなが》・四辻季春《すえはる》・東坊城顕長《ひがしぼうじょうあきなが》・万里小路《までのこうじ》春房《はるふさ》の五人で、彼らは近習として供奉したのであろう。

一方、義政を除く残り五人は、義満や義教のときと同様に足利将軍家への扈従《こじゅう》公卿である。義政期の儀礼への将軍御供に登場する扈従公卿は、昵近衆《じっきんしゅう》と呼ばれている。葬列に供奉した日野勝光《かつみつ》・正親町三条公綱《おおぎまちさんじょうきんつな》・広橋綱光《つなみつ》・烏丸益光《からすまますみつ》・飛鳥井雅俊《あすかいまさとし》は、昵近衆だと位置付けられる。また、義政の御供も、高倉永継《ながつぐ》・広橋兼顕《かねあき》・烏丸季光《すえみつ》の昵近衆で構成されていた。

なお、外戚関係者の供奉が見当たらないのは、生母敷政門院《しきせいもんいん》幸子が伏見宮《ふしみのみや》家重臣の庭田《にわた》家出身であり、崇光流（伏見宮家）の近習が供奉することになってしまうことが要因であろう。

悲田院の葬場では、院庁と将軍家の近習公卿が、それぞれ五人ずつ供奉するという天皇家と足利将軍家の近習が融合した形で行われたことになる。戦乱により、室町殿を仮御所とすることとなった後花園と義政の昵懇関係が具現化された葬送といえよう。

国政による葬礼の有無は、他の特筆事項が多く日記などでは埋もれがちだが、遺詔奏《いしょうそう》が行われていることは確認できる。よって、恒例の固関《こげん》や廃朝《はいちょう》なども行われていた可能性は高い。

追号については、はじめ「後文徳《ごもんとく》」号が贈られたが、朝廷きっての知嚢者一条兼良《かねよし》が漢風諡号《しごう》に「後」を付けた例がないと意見したため、次点であった「後花園」号へと変更された。擬父である「後小松」号も、漢風諡号である「光孝《こうこう》」の別号「小松」を採用したものだが、中世天皇家の皇統の祖は文徳流から交替した光孝流である（28頁　系図1）。文徳から光孝への皇統の交替と、後小松（後光孝）・後花園（後文徳）擬父子への追号と連関するかについては今後の課題となる。

般舟三昧院の台頭

中世天皇葬礼史を語る上で、後花園の追善仏事をめぐって新たな動きが見られる。これまで後光厳流「天皇家」の流儀として、「御寺《みてら》」泉涌寺にて葬儀、安楽光院《あんらくこういん》にて追善供養という流れが確立していた。そこに、崇光流ゆかりの伏見の地に新たなる天皇家の菩提所が模索された。それが、文明十一年（一四七九）に後土御門天皇勅願により建立された般舟三昧院《はんじゅざんまいいん》である。崇光流の菩提所は、同じく伏見にある禅院の大光明寺《だいこうみょうじ》であった。新たに建立された般舟三昧院は、円密禅戒《えんみつぜんかい》の四宗兼学《しじゅうけんがく》で法然《ほうねん》の流れを汲む、念仏系の寺院である。

般舟三昧院の建立は、後光厳流色が強い泉涌寺と安楽光院、崇光流色が強い般舟三昧院、この二派閥の寺院による葬儀・追善仏事の主導権争いの始まりでもあった。しかし、前述のように応仁の乱により泉涌寺はすっかり荒廃し、安楽光院も文明八年に焼失する。後光厳流ゆかりの菩提所は、しばらく仏事を請け負う体制が整わない状態が続き、般舟三昧院を基軸とした崇光流派閥の巻き返しが図られる。

まず、遺骨の納骨先が注目される。両統迭立期以来、持明院統の納骨堂は深草法華堂であった。だが、崇光天皇は伏見の大光明寺に葬られており、崇光皇子の栄仁《よしひと》親王の分骨がされてはいるものの、深草法華堂は後光厳流「天皇家」の納骨堂としての性格が強くなっていた。そこで、崇光流の正統復帰を願う伏見宮家の近習たちは、崇光流系列の寺院への納骨を指向する。

自身の遺骨を両流が奪い合うことを危惧したかのように、後花園は遺骨に関する遺勅を残した。遺勅には、光厳《こうごん》天皇が眠る丹波国の常照寺《じょうしょうじ》へ納骨することが記されていたという。後花園は、ケンカにならないように両流の祖である光厳の御陵に眠ることを希望したのである。

ただし、火葬という方法を採ることにより、分骨も可能になる。後花園の遺骨は、猶子《ゆうし》尭胤《ぎょういん》法親王（実父貞常《さだつね》親王〈後花園実弟〉）が入院する大原三千院《おおはらさんぜんいん》の法華堂と、崇光流の菩提寺である大光明寺へ分骨された。この分骨劇は、後花園の実父貞成《さだふさ》親王の重臣庭田重賢《しげかた》によるものである。その後、般舟三昧院が建立されると遺骨も般舟三昧院へと移される。後花園崩御後も、両流の駆け引きは続くのである。

後花園への追善仏事は、泉涌寺・安楽光院焼失により、七回忌までは後花園皇女の観心が避難した聖寿寺や、猶子尭胤がいる大原の勝林院《しょうりんいん》にて開催された。

般舟三昧院建立後は、積極的に追善仏事誘致への動きを見せる。十三回忌において、〝前年〟と正

般舟三昧院から移築された建長寺巨福門　神奈川県鎌倉市

忌日の〝二ヶ月前〟に般舟三昧院にて後花園追善が行われたが、実情は伏見宮家側の皇族と廷臣のみが参向する「イエ」的仏事であった。

正規の十三回忌は、内裏の清涼殿《せいりょうでん》にて後光厳《ごこうごん》・後円融《ごえんゆう》・後小松の例を用いた御懺法講《おせんぼうこう》が催され、「公家沙汰」による公的仏事は、安楽光院焼失により観心が入室している安禅寺にて行われた。

後花園の正規の仏事所を目指す般舟三昧院だが、当初は前年や二ヶ月前に引上供養を行うことまでが限界であったのである。

それでも、十三仏事には含まれない十七回忌において、般舟三昧院は「公家沙汰」による公的仏事を開催することに成功した。後光厳流の廷臣からは「少々無念」との意見も聞こえ、この開催は崇光流系の般舟三昧院にとって、大きな先例となった。その後、三十三回忌まで、毎年般舟三昧院にて追善仏事が開催された。

しかし、十三仏事の締めくくりである三十三回忌は、十三回忌同様に安禅寺にて開催された。後光厳流の牙城は、いまだ堅固なのである。

寺家の衰退と後土御門天皇の葬儀

中世天皇葬礼史において、後土御門天皇の葬儀は重要である。それは、これまで入棺以降は禅律僧《ぜんりつそう》による「一向沙汰」として寺家に丸投げされており、俗人が各葬送儀礼の様相を知ることは困難であった。しかし、応仁の乱後の寺家の衰退により、僧侶がそろわず近臣たちが行わなければならなくなった所作も出現し、彼らは苦慮しながらそれを実行した。

後花園天皇の葬儀において、参列者の一人甘露寺親長が「旧記など人々が所持せず、よって所作ごとに鬱々であった」と嘆くほど、葬儀の儀式書は不足していた。たびたび登場する故実の生き字引一条兼良も、『後成恩寺《ごじょうおんじ》関白《かんぱく》諒闇記《りょうあんき》』という葬儀作法の先例集を編集するが、網羅的に収集しきれていない。

そんな中、後土御門の近臣であった少納言の東坊城和長《かずなが》は、後土御門の葬儀に深く関与し、詳細にその記録を取った。この凶事記は『明応凶事記《めいおうきょうじき》』と呼ばれ、これにより、天皇葬礼の秘密のベールに包まれていた部分が明らかになった儀礼もある。

後土御門天皇が崩御した明応九年（一五〇〇）は、朝廷も室町幕府も財政が困窮していた。本来なら、後土御門は皇太子の勝仁《かつひと》親王（のちの後柏原《ごかしわばら》天皇）に譲位し、院政を行いたいところだが、なにせ財政難であり、践祚《せんそ》・即位礼・大嘗会などの臨時の大礼を行う資金がない。譲位を先延ばししている内に、六十三歳まで在位し続け、ついには在位中崩御ということになった。

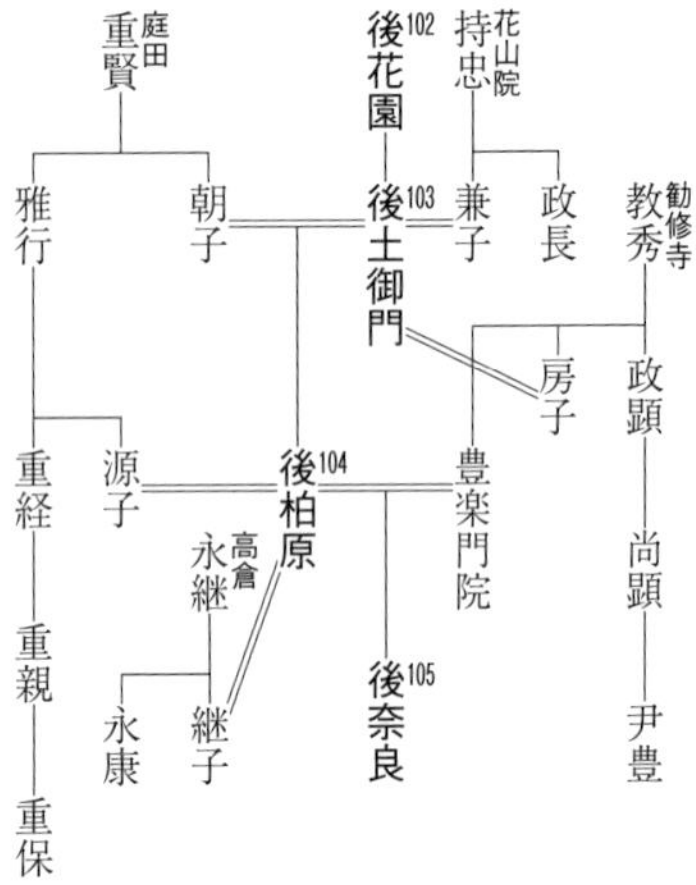

系図７　室町後期天皇家関係系図

称光《しょうこう》天皇や後二条《ごにじょう》天皇など在位中に若くして崩御する事例は中世でも見受けられるが、天寿を全うし在位中に崩御する今回の事例は異例である。譲位の儀なく崩御したことについて、和長は「もっとも無念の事なり」、前関白近衛政家《まさいえ》は、「もっとも珍事なり」（『後《ご》法興院記《ほうこういんき》』）と述べている。

譲位の先延ばしのおかげで、後土御門の葬儀だけでなく、勝仁の践祚・即位礼を一気に行わなければならず、財政が逼迫している朝廷・幕府にとっては、実に頭の痛い状況であった。

結局、深刻な財政難により葬儀は四十日以上延引し、江戸時代の朱子学者林鵞峯《はやしがほう》が編纂した『続《ぞく》本朝通鑑《ほんちょうつがん》』には、「棺は黒戸御所《くろどのごしょ》（内裏の仏間）に四十日余り放置され、玉体は腐損し、そして虫が湧き出で、未曾有のことである」と、遺体がウジ虫だらけの痛ましい姿になっていたことを記している。

近世では、チャン（瀝青《れきせい》）と呼ばれる主に船に用いられる防腐用塗料（脂・油・蜜陀僧《みつだそう》・軽粉などをまぜ合わせて作られる）によって防腐処理がなされる事例があり、中世においても、近江出陣時に没した九代将軍足利義尚《よしひさ》の遺体が、水銀による防腐処理をほどこされ京都に移送された事例もある。しかし、譲位するまでは生きている建前の「如在之儀」の原則により、そのまま放置される可能性は高く、皇位継承の遅れにより葬儀が延引した四条《しじょう》天皇の棺の中が「骨ばかり相残る」（『平戸記《へいこき》』）となったように、鴦峯の記述は信憑性がある。

このように、一見悲惨さが目立つ葬儀ではあるが、記録内容の面では豊富である。

近臣が記す葬送の実態

和長は、後土御門危篤の報に触れ、すぐに参内するが旅立った後であった。後花園崩御のときは、泉涌寺僧が京にいなかったため、知恩寺の長老が念仏僧を勤めた。今回も同様に泉涌寺僧が不参のため、般舟三昧院の僧が勤めることができた。天皇家の正規の菩提寺である「御寺」の寺格を得たい般舟三昧院にとって、絶好の機会である。さらに、崩御時に仏縁を結ばせる善知識《ぜんぢしき》の役割も、あらかじめ依頼していた門跡《もんぜき》の浄華院《じょうけいいん》長老が不参のため、これまた般舟三昧院が勤めた。

頭の位置を北向きにかえる北首之儀にも般舟三昧院が関わり、侍従大納言の三条西実隆《さねたか》と少納言の和長がともに執り行なった。ただしこのとき、本来は畳ごと担ぎ回すところ、直接遺体に触れて向きを変える失敗をしており、両名とも先例が不明だったことをいいわけとしている。般舟三昧院が初めてだったことも影響していよう。

また、これまで僧侶の沙汰として密儀であった入棺も和長は見学することができ、その様子を記録している。

崩御から約一週間後に、ようやく入棺儀が行われた。棺（実際は桶）については泉涌寺側が用意し、泉涌寺塔頭の雲龍院《うんりゅういん》が入棺儀を行い、遺体の沐浴は般舟三昧院が執り行なった。そして、入棺後の供膳《くぜん》の様子も記されている。御膳数四膳、御菓子一膳の全部で五膳であり、本膳は常饗膳《つねのきょうぜん》（生前時と変わらないもてなし膳）、脇は御菜膳であった。

般舟三昧院の僧侶の出番はここまでで、以降、泉涌寺の僧衆たちが葬儀まで付きっきりで見守るのだが、ここからが一ヶ月以上停滞する。焼失のため前回の後花園葬を行うことができなかった泉涌寺は、いまだ衰退から回復途上だが再び天皇家の葬場となった。しかし、いかんせん葬儀を開くだけの費用が集まらなかった。この間、後土御門の遺体はまるで殯《もがり》がごとく、内裏の仏間である黒戸御所に放置されたままとなった。

崩御から一ヶ月後、勝仁親王の践祚が執り行われて、無事剣璽《けんじ》が渡御され、後柏原天皇が誕生した。後土御門から後柏原への譲位が成立したのである。これでようやく後土御門は〝死ぬことが許された〟。事実、後土御門葬は「洞中の分」、すなわち仙洞《せんとう》＝上皇として葬送が行われることとなった。

それを待っていたかのように、崩御から約四十日、ようやく幕府から葬儀費用が届き、泉涌寺にて葬送が行われることとなった。和長は葬場殿へ見物に行き、称光天皇の葬儀費用の半額であることを記し、少ない予算で「粉骨」する泉涌寺へ同情的な記載をしている。

泉涌寺の〝企業努力〟により築かれた葬場殿は、檜皮葺《ひわだぶき》の殿舎で四面を金彩玉にて装飾しており、その中に白壁で六角形の火炉が設けられていた。一方、葬場殿の四方には門があり、白木作りの鳥居が設置されていた。四方の額には金彩で、東は「発心《ほっしん》」、南は「修行《しゅぎょう》」、西には「菩提《ぼだい》」、そして北の門には「涅槃《ねはん》」と記されていた。後土御門は、この北の涅槃門から入ることとなる。

後土御門が乗せられる輿は、八角形の龕《がん》（唐様の屋根のついた輿の一種）で、葬場殿同様に金彩玉で装飾されており、八方に唐錦を張り、四方に鳥居がある。轅《ながえ》（牛車の前に出した二本の棒）は生絹《すずし》にて裹《つつ》まれており、大幡は四本とも唐錦でこしらえており、龍首の天蓋があった。

こういった和長の記載は、葬送の歴史を見る上で貴重な記録である。

崩御から四十三日目、ようやく葬送が行われた。土御門内裏の黒戸御所から泉涌寺までの後土御門最後の御幸は、生絹で裹まれた小八葉車《こはちようのくるま》（小さな八葉の紋がある牛車）が用いられた。本来なら、蔵人所の出納所に保管されている賀茂祭《かものまつり》用の糸毛車《いとげのくるま》（色糸で飾った牛車）を用いるが、用意できず、小八葉を生絹で覆ってごまかした。ただし、糸毛車の使用は称光葬に見られるが、後光厳葬や後花園葬では八葉車が用いられており、ごまかすほどでもなかった。葬儀運営に関わった貴族たちが、称光葬が記された日記を参考にしたためであろう。それほど儀式書はそろっていないのである。

現在でも棺を霊柩車に載せるとき、親族や親しい人物により持ち運ばれる。天皇葬送においても、棺を車に載せる車寄役《くるまよせ》は重要であり、外戚である前左大臣花山院政長《かざんいんまさなが》（後土御門女御兼子《にょうご》の弟）がこの役を勤めた。車寄役は、車を寄せて簾《すだれ》を巻き上げるため御簾《みす》役ともいわれ、筆頭供奉が勤めることが多いが、前回の後花園葬では、筆頭供奉が足利義政だったため、前内大臣の日野勝光《かつみつ》が勤めた。

参列しなくなった足利将軍

後土御門葬儀以降から、足利将軍家の参列は見られなくなる。後土御門崩御時の将軍は、十一代足利義高《よしたか》（のち義澄《よしずみ》）であり、明応の政変（一四九三年）によって十代足利義材《よしき》（のち義稙《よしたね》、このとき参議）を追放した後の、まだ正五位下左馬頭《さまのかみ》で、公卿（参議および三位《さんみ》以上）にもなっていない状況であった。足利義満・義教・義政といった高位高官まで登りつめる将軍がいないことや、たびたび京都の幕府が政敵の侵攻に脅かされ近江へ逃げるなど、徐々に天皇家との繋がりが薄くなっていったことも要因であろう。ただし、パトロンとしての役割は継続しており、葬儀費用は相変わらず幕府が負担したのである。

財政困窮にて経費削減がなされた葬儀であったが、供奉公卿は十四人と、室町時代では次代後柏原天皇の葬儀に次ぐ多さである。それでは、公卿総出で葬ったのかというと、そうではなく、やはり近臣・縁者中心の供奉構成であった。とくに、近臣においては神祇伯《じんぎはく》の忠富王《ただとみ》と松木宗綱《むねつな》以外のすべてが参列している。神仏習合の時代とはいえ、仏教葬への神祇伯の参列は宗教の壁があったと考えられよう。そう考えると、近臣での欠席は宗綱だけとなり、病気などの何らかの理由による欠席で、近臣は基本参列するという原則が見出せる。また、天皇に「近い」官職である侍従の経験者の供奉率も高い。

縁者については、御簾役を勤めた花山院政長を筆頭に、典侍房子の兄勧修寺政顕《かじゅうじまさあき》、国母朝子《こくも》の甥庭田重経《しげつね》と、判別できる女御の縁者は軒並み葬列へ加わっている（162頁　系図7）。また、後土御門皇子では、第三皇子である円満院宮《えんまんいんのみや》の仁悟《にんご》法親王が供奉した。

一方、近臣でも侍従でも縁者でもない公卿は、その年々の公卿の一覧が掲載された『公卿補任《くぎょうぶにん》』を紐解くと、三十六人確認できる。その内、供奉したのは中御門宣秀《なかみかどのぶひで》ただ一人であり、宣秀は天皇への申次役の伝奏《てんそう》経験者であったため、後土御門と近い人物であった。

後円融葬から後花園葬まで見られた足利将軍への扈従公卿の参列は、そもそも足利将軍が高位高官ではないことと、朝廷儀礼への参加率が著しく低下していることもあり、見られない。近臣・外戚中心の「イエ」的儀礼の純度が、戦国期に入り、より高まったといえよう。

ただし、若狭守護武田元信《もとのぶ》が御幸を警固するなど、幕府は費用以外にまったく関わらなかったわけではない。

希薄化する皇統意識

後土御門を乗せた車は、内裏の北門東方の築垣を壊し、住み慣れた皇居に別れを告げた。棺を搬出するときに築垣を壊す行為は、貴族の葬送でも見られる。勝田至《かつだいたる》氏（勝田二〇〇三）は、出る方角は陰陽師が決め、例え門がある方角から出ることになっても、門の脇を壊すことを述べている。

行列は、在位中の崩御にもかかわらず上皇の御幸の体で、供奉公卿はみな上絬に藁沓を履くという、これまでの出で立ちを踏襲している。葬列は、土御門内裏から泉涌寺への行程を歩んだ。泉涌寺にはすでに二位尼局をはじめ、後土御門の女官衆が参会していた。次の後柏原葬の葬場の様子から、僧侶となった皇子や皇女皇妹たちも葬場に着座していたと考えられる。

葬場では泉涌寺塔頭の雲龍院の僧と花山院政長が、棺を御車から仏殿の壇上に下ろす儀を取り仕切った。仏殿にて供膳や読経《どきょう》が行われた後に、力者が棺を乗せた輿を舁《か》き、葬場殿へ運び、北面の涅槃門《ねはんもん》から入った。この最後の棺移動にも参列者は列をなし供奉をする。その後、三匝《さんそう》（尊敬の意を表すため炉の周りを右回りに三周する）し、下火《あこ》を行い荼毘に付した。

翌日に拾骨が行われ、恒例となった深草法華堂へ納骨された。葬場の儀に携わった後光厳・後円融天皇にゆかりの深い雲龍院や、崇光流系の菩提所である伏見の般舟三昧院、両流の祖光厳天皇と父後花園天皇が眠る丹波国山国《やまぐに》荘の常照寺へも分骨された。両流にとって納得のいく分骨先であろう。

国政機関による葬礼である遺詔奏《いしょうそう》や固関《こげん》も行われており、財政難で四十日以上の延引を招いたが、儀式の所作としてはさしたる遺失なく、後土御門の葬儀は行われたのである。

後土御門の中陰仏事は般舟三昧院にて行われた。熱田公氏（赤松監修一九八四）は、後土御門葬以降、葬儀は泉涌寺、中陰仏事は般舟三昧院の分担体制になったとする。その理由を、泉涌寺の寺観が復興せず、中陰仏事を行う十分な設備がなかったと述べる。

後花園の追善仏事では、正規の菩提所の座を得ることができなかった般舟三昧院だが、後土御門の一周忌では非公式ながら曼荼羅供《まんだらく》が開催された。曼荼羅供は、両部曼荼羅を掲げて描かれている諸尊を供養し祖先を弔う仏事で、一日で終わる規模が小さい国家的仏事として追善に用いられた。

三・七・十三回忌では、内向けの「イエ」的仏事である御懺法講が内裏、外向けの仏事は般舟三昧院にて御経供養が行われた。この御経供養は、「公家沙汰」にて開催されていることから国家的仏事としての御経供養である。本来なら、十三仏事の外向け仏事は法華八講《ほっけはっこう》を行うべきだが、「今度（十三回忌）は法華八講にすべきところ、禁裏御料《きんりごりょう》からの年貢未進によりできない」（『宣秀卿記《のぶひできょうき》』）と、寂しい懐事情を知ることができる。

後花園の十三仏事が行われた安禅寺は、五・八回忌と十三仏事以外が行われるようになり、その理由も土一揆《つちいっき》により般舟三昧院のある伏見までの道のりが危険であるからと、般舟三昧院の代役としての開催である。ただし、般舟三昧院での開催理由も「本来は安楽光院で行うべきだが、荒廃しているため」（『宣胤卿記《のぶたねきょうき》』）と、般舟三昧院も安楽光院の代役という意識が公家社会にはあった。

締めくくりの三十三回忌も、般舟三昧院にて曼荼羅供が開催され、名実ともに泉涌寺と並ぶ天皇家の正規の菩提寺＝「御寺《みてら》」へと昇格した。「伏見御寺」の誕生である。

とはいうものの、皇統が一本化され、皇位継承時に跡継ぎ争いが起こる可能性も限りなく低くなり、もはや後光厳流か崇光流かの皇統意識が希薄化したことも事実である。

財政難に見舞われた戦国期の天皇葬送

戦国期に入ると幕府経済は逼迫し、朝廷経済を支えきれなくなっていた。即位礼に二十一年間の月日を費やした後柏原天皇は、朝廷財政が最も危機的状況時に親政を行なった天皇ともいえよう。

その後柏原も、父後土御門同様に、財政難により生前に譲位することが叶わず、大永《だいえい》六年（一五二六）四月、六十三歳にて崩御した。前回同様に、践祚・葬儀・即位礼を短期間にて行わなければならない状況に陥ったのである。

予算の問題がないときは日記などの記録にはお金の話は表れにくいものだが、このような困窮状態になると、お金の話の割合が増す。このあたりの感覚は現代人にも通用するところであろうか。後柏原の葬礼について詳しく記録したのが、三条西実隆の『実隆公記』と、鷲尾隆康《わしのおたかやす》の『二水記《にすいき》』である。ともに費用について言及されており、当初幕府は践祚と葬礼費で併せて六万疋《ひき》（約六〇〇〇万円）以外は一切出さないと突っぱねた。これまでの例では、践祚と葬礼は一〇万疋（約一億円）以上はかかっており、この予算ではまず欠乏する。隆康は「たった一〇万疋も出せないとは、今の幕府は情けない」と嘆いている。ちなみに、足利義満の頃は践祚・即位礼費用として五〇万疋（約五億円）をポンと出しており、本来の室町幕府の財政システムが機能していれば、一〇万疋の助成金などたやすいものであった。

その後、幕府方が折れて八万疋まで増額したが、それでも足りないことには変わりはなかった。葬儀費用は、後土御門葬儀と同じく一万疋が割り振られた。称光葬が二万疋で行われていることから、今回も泉涌寺側は企業努力をさせられることとなった。

足利将軍家の対応については、十二代将軍足利義晴《よしはる》（朝廷の官職は参議）は中陰仏事に香奠《こうでん》一万疋を携え、泉涌寺へ焼香のため参詣した。だが、足利将軍家の天皇家葬儀・仏事への金銭外の関わりは、この事例までであり、以降、仏事への出席を見出すことはできない。

崩御から五日後、泉涌寺僧衆の沙汰により雲龍院が用意した棺へと入棺儀が行われた。しかし、間があいたため遺体が膨張しており、入棺には難儀したという。さらに、再び僧衆の密儀となり、後土御門入棺時のように貴族たちの見学は叶わなかった。

崩御から三週間後、ようやく知仁《ともひと》親王の践祚が行われ、後奈良《ごなら》天皇となった。これにより譲位が完遂し、後柏原は名目上も〝死ぬこと〟ができた。よって、固関などの葬礼が行われ、葬送の日取りも決定した。

葬場は前回同様泉涌寺であり、公卿の参列は、前左大臣三条実香《さねか》を筆頭に十九人が供奉し、室町時代最多を記録した。また、皇子皇女や女官たちも参列し、前回の後土御門葬を踏襲する内容の葬儀が行われたのである。

後柏原は荼毘に付された後、先例通りに深草法華堂へと納骨された。記録には表れないが、戦国期の他の天皇の分骨事情から、般舟三昧院へも分骨された可能性は高い。

泉涌寺と般舟三昧院の対立

後柏原の葬礼では、中陰仏事をめぐって泉涌寺と般舟三昧院の相論が起こる。前回の後土御門葬礼において、伽藍《がらん》が整わなかったため代替として般舟三昧院にて中陰仏事を行なったが、これが泉涌寺にとって徒《あだ》となった。公家社会に先例を作ったもの勝ちで、前回の例を踏襲し般舟三昧院にて中陰仏事が開催されることとなった。

泉涌寺側は先例ではウチで開催されるべきと訴えるが、即位したての後奈良は「今回は泉涌寺が堪忍して」(『泉涌寺文書』)と、次回は泉涌寺にて開催するとの含みを持たせて説得した。般舟三昧院は、泉涌寺と並ぶ天皇家の「御寺《みてら》」としての地位を磐石なものとしていたのである。

後奈良天皇の治世になっても情勢は好転せず、頼りの室町幕府も風前の灯火となっており、その財政システムの稼働は期待できなかった。しかし、地方で有力な戦国大名が台頭してくると、彼らからの献金が大礼費用を補完するようになる。後柏原即位礼挙行は二十一年を要したが、後奈良はその半分の十年で即位礼を挙行することができた。それでも、即位礼が十年も延びることは異例であるから、財政難の危機はいまだぬぐえてはいない。

弘治《こうじ》三年(一五五七)、後奈良は六十一歳にて崩御した。残念ながら、この時期の史料の残存状況はよくない。朝廷の女官たちの当番日誌『御湯殿上日記《おゆどののうえにっき》』が根本史料となるが、貴族の日記のような儀礼の詳細な記録に乏しい。また、実務官人である中原康雄《やすお》の日記『康雄記』からも供奉公卿を知ることはできるが、こちらも前二代ほどの詳細さはない。

葬送には、前左大臣の今出川公彦《いまでがわきんひこ》を筆頭に十一人が供奉した。とくに外戚は、勧修寺尹豊《ただとよ》・広橋国《くに》光《みつ》・水無瀬《みなせ》親氏《ちかうじ》・庭田重保《しげやす》・高倉永相《ながすけ》と、供奉人の半数近くを占めている（系図8・162頁　系図7）。それ以外も、朝廷財政立て直しに奔走した山科言継《やましなときつぐ》など後奈良と近い者が供奉している。中世天皇家の葬儀としての性格は戦国の世になっても変わっていないのである。火葬後、遺骨は深草法華堂へと納骨されたが、例によって伏見般舟三昧院へも分骨された。

中陰仏事では、二つの「御寺《みてら》」により再び相論が勃発する。後奈良崩御により即位した正親町天皇は武家に裁許を求めよと裁断を投げた。しかし、十三代将軍足利義輝は三好長慶《みよしながよし》によって近江国朽木《くつき》に追われ、たとえ義輝から有利な裁許を得ても、その実効性に疑問が持たれた。そこで、したたかな泉涌寺は松永久秀《ひさひで》を介し、実質的に畿内を支配していた三好政権の裁許を求めた。

裁許では、前回の後奈良裁定「今回は堪

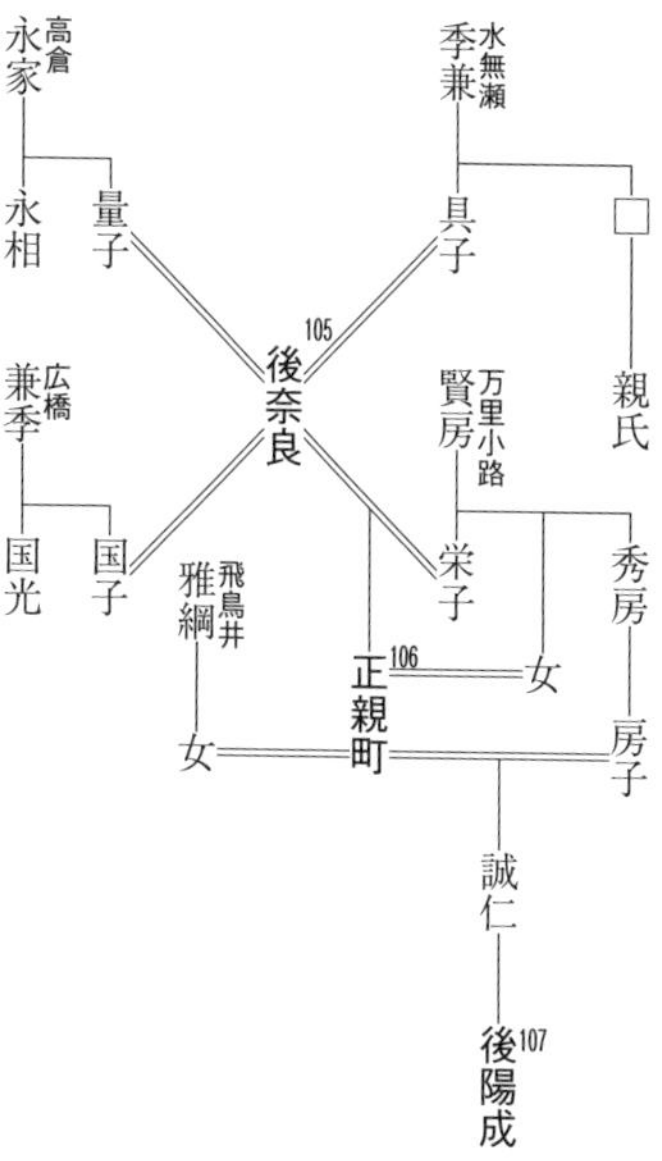

系図8　戦国期天皇家関係系図

忍」を、「次回は泉涌寺開催」と解釈し、今度は泉涌寺側の勝訴となった。しかし、寺観が整っていない現実もあり、安禅寺を開催場所とし泉涌寺僧が中陰仏事を執り行なった。

また、譲位されることなく父正親町より先に薨去となった誠仁《さねひと》親王の中陰仏事も泉涌寺にて修される。誠仁は、後陽成《ごようぜい》天皇の実父であり、死後に陽光院《ようこういん》と追号された。財政さえ安定していれば、父正親町から皇位を継承し、正規の天皇となっていたと考えられる。

豊臣秀吉政権下での財政回復

後柏原・後奈良と連続して崩御にともなう即位となったが、正親町《おおぎまち》天皇の時代になると、織田信長や豊臣秀吉といった天下人のパトロンを得ることになる。先に述べたように、皇子誠仁への譲位こそ叶わなかったが、七十歳にして実孫の和仁《かずひと》親王へ生前譲位が実現した。和仁は即位し後陽成天皇となり、豊臣政権の強力な支援のもと、困窮した朝廷の立て直しを図る。

後陽成への譲位から七年後の文禄二年（一五九三）、正親町は七十七歳にて天寿を全うした。後奈良葬と同じく、正親町の葬儀を詳細に記録した史料はないが、山科言経《ときつね》の日記『言経卿記』に「前代未聞の様相だ」と記されるなど、異例さが見出せる。

それは、正親町の葬送に公卿が誰も供奉しないという、安徳天皇など特殊な崩御事例を除けば、中世・近世では唯一の事例という現象である。供奉公卿ゼロの明確な理由は見出せてはいないが、野村《のむら》玄《げん》氏（野村二〇〇六）は、正親町の遺体がすでに泉涌寺に運ばれていたためとし、『泉涌寺史』の近世部分を執筆した藤井学《ふじいまなぶ》氏（赤松監修一九八四）は、公家社会の潮流は権勢を極める豊臣秀吉と後陽成のもとへ集結していたとの見解を示している。

権勢を極めた足利将軍であるならば、足利義満のように筆頭に供奉したであろうが、秀吉の朝廷儀礼に対するスタンスは足利将軍家の家長とは違うようである。

そして、恒例となった中陰仏事をめぐる二つの「御寺」の争いは、今回も繰り広げられる。後陽成は祖父正親町のように武家に投げることなく自ら裁断し、後土御門中陰仏事の事例を採用し、軍配は般舟三昧院へとあがった。泉涌寺側にはまたもや「堪忍」（『泉涌寺文書』）との裁定が下された。

般舟三昧院建立当初は、仏事における崇光流の牙城的寺院であったが、中近世移行期になると、もはや皇統解釈の色彩はなくなっている。

たとえば、後陽成は、神武天皇から連綿として続いてきた万世一系の天皇という強い皇統意識を持ち続けたことを、藤田覚《ふじたさとる》氏（藤田二〇一一）は指摘している。すでに、天皇自身も後光厳流か崇光流ではなく、万世一系であることが意識されつつあるのである。

では、この二つの「御寺」がなぜ争うかというと、この時期特有の逼迫した寺院経済にある。仏事を請け負う寺院には当然、仏事費用が与えられる。一例として、後土御門十三回忌では、導師の僧正へ二〇〇〇疋（約二〇〇万円）、その他の僧侶に七〇〇疋（約七〇万円）が与えられ、開催場所にも本尊や仏具が提供される。追善仏事の誘致が成功するか否かは、寺観が整わず財政難にあえぐ寺院にとって死活問題なのである。

中近世移行期の天皇への追善仏事も、室町期から変化している。十三仏事において、天皇家の追善仏事の花ともいえる運営規模が大きい法華八講は、後土御門追善仏事から見られなくなる。しかも、御懺法講や曼荼羅供といった仏事も、足利義晴・足利義昭・徳川家康・織田信長・本願寺といった武家・寺家からの助成により辛うじて開催にこぎ着けている。仏事の選択では規模が小さい御経供養ばかりが選ばれるようになり、とにかく何かしらの追善供養を行なったというアリバイ作りが主眼となってきているといえよう。「今年は〇〇天皇の十三回忌だ……」と、途端に資金繰りが脳裏をかすめ、憂鬱になる担当公卿の姿が目に浮かぶようである。

しかし、豊臣秀吉政権下になると禁裏財政が回復し、文禄・慶長期の誠仁十三回忌、正親町三・十三回忌と、ようやく法華八講が復活する。

終章　様変わりした近世の天皇葬儀

壮大化する天皇葬儀は古代回帰なのか

近世の天皇葬送は、近習や縁者による「イエ」的儀礼から一転し、大規模な大礼へと転換するとの先学の指摘がある。藤井学《ふじいまなぶ》氏（赤松監修一九八四）は、江戸幕府成立後最初の在位中崩御である後光《ごこう》明《みょう》天皇葬礼について、天皇が東福門院《とうふくもんいん》（徳川和子《よりこ》）の養子であり、幕府が費用を負担し、先例より大規模であったことを指摘している。野村玄《のむらげん》氏（野村二〇〇六）も、前回の後陽成《ごようぜい》上皇の葬列の約二倍で構成されていたことを明らかにしている。

また、国政機関による固関《こげん》・倚廬《いろ》儀・遺詔奏《いしょうそう》などは変わらず、中世以来の運営方法が継続されている。さらに、現上皇が土葬を望むというニュース時に、新聞などで取り上げられたのが後光明葬における土葬である。後光明葬は、中世では火葬が基本だった天皇埋葬を土葬へと変更したことで脚光を浴びたのである。

近世では、中世に衰退した朝廷儀礼の復興が盛んになされる。土葬への「回帰」も、この一連の朝儀復興の動きと連関することができ、盛大であった古代的天皇葬への「回帰」なのであろうか。

野村氏は、古代への回帰であるならば、古代の記録を参照にするはずだが、そのような形跡がないことから、古代的葬儀への回帰という考えに懐疑的である。その上で、宝暦《ほうれき》十二年（一七六二）に行われた桃園《ももぞの》天皇葬儀の棺が、後光明例を参考したと思われる儒式であり、後光明葬は古代回帰ではなく、朱子家礼《しゅしかれい》に基づく新たな天皇葬の形を模索したのではと述べる。朱子家礼とは、儒教の冠婚葬祭説明書であり、儒式葬を指向したということである。

後光明の土葬方法は、実際に土葬としているにもかかわらず、葬場において〝火葬の振り〟をする荼毘作法がなされており、形式上は火葬の体を執っている。武田秀章《たけだひであき》氏（武田一九九六）は、この埋葬を「型式的火葬儀」を執る「実質的土葬」と位置付け、慶応二年（一八六六）の孝明天皇葬礼をもって、山陵の復活とともに「型式的火葬儀」が廃止され、「明確な土葬儀」になると論じる。

本書は中世天皇葬礼について述べたものだが、中世的天皇葬礼の特色を明確にするため、近世の天皇家葬礼も要点を絞り紐解いていく。

現役大臣と摂家の供奉にみる変化

鎌倉期以降、天皇家葬送に現任大臣が供奉した事例は、四条天皇葬送における左大臣二条良実《よしざね》・右大臣一条実経《さねつね》と、後円融天皇葬送における左大臣足利義満の二例のみである。

さらに、摂関家の供奉となると、四条葬の良実・実経兄弟に絞られる。ただし、この供奉の要因が外戚によるものであることはすでに述べた。中世において摂関家が供奉しないことは、そもそも天皇家と外戚関係を持つ摂関家がいなくなることと、天皇家に准じる「イエ」を形成している摂関家が、天皇家の家司《けいし》的立場の公卿が供奉する「イエ」的儀礼に参列するのは筋違いという論理である。

現任大臣の供奉は、江戸幕府成立後の最初の天皇葬送である後陽成葬に端緒が見られる。

時代の変わり目を統治した後陽成は、元和《げんな》三年（一六一七）、四十七歳にて崩御する。近世に入ると、葬儀は泉涌寺《せんにゅうじ》、中陰《ちゅういん》仏事は般舟三昧院《はんじゅざんまいいん》という分業体制が完全に固定されていた。中陰仏事においては、開催は般舟三昧院でも導師は顕密《けんみつ》僧が勤めるというスタイルも踏襲されている。後陽成の中陰仏事では、徳川家康の側近として名高い天台宗の南光坊天海《なんこうぼうてんかい》が勤めている。

後陽成の出棺において、内大臣の西園寺実益《さねます》が御簾《みす》役を勤めた。御簾役とは、崩御場所からの出棺と葬場で棺を降ろす際の重要な役割で、筆頭の供奉公卿が勤めることはすでに述べた。筆頭供奉であるから、必然的に高位高官の公卿が勤めることになるが、現任大臣が勤めた例はなく、近世早々、異例の事例の登場である。

ただ、実益は現任大臣ではあるものの、近習のみが着することができる素服《そふく》を賜っており、近習ゆえの御簾役と推測できる。さらに実益は、御簾役を勤めながらも供奉は避けた。やはり、現任大臣という立場が阻んだのであろう。

そして、今回の供奉公卿に目を向けると、『公卿補任《くぎょうぶにん》』に登録されている三十二人の公卿の中で、十四人が供奉しており、出席率は室町期に比べ増加している。ただ、これらの供奉公卿をていねいに考察すると、近臣や素服人が多く、公卿総動員の葬列ではない「イエ」的儀礼が継続されていることがわかる。

江戸時代に即位して、最初に崩御したのは、承応《じょうおう》三年（一六五四）の後光明天皇である。後光明は二十二歳という若さで天然痘《てんねんとう》の病魔に屈した。

後光明の葬送には、右大臣西園寺実晴《さねはる》が足利義満以来の現任大臣として供奉した。実晴は、御簾役も兼ねており、祖父実益が後陽成葬の御簾役を勤めた先例によるものと容易に推測できる。そして、御簾役は筆頭に供奉するという慣例により、実晴はそのまま供奉人も勤めた。実益は、御簾役を勤めた後ブレーキが掛かり供奉までは思いとどまったが、実晴は故実の吟味をせずに、なし崩し的に御簾役後に筆頭の供奉公卿も勤めたのであろう。

では、現任大臣不供奉の故実は過去のものとなったのだろうか。延宝《えんぽう》六年（一六七八）に薨去した東福門院《とうふくもんいん》葬送では、大臣の供奉例がないため大臣供奉を忌避している。よって、現任大臣不供奉の故実はまだ生きているといえよう。

後光明葬送の供奉公卿は三十三人と、これまでの葬送と比べると破格の参列者数である。しかし、『公卿補任』で葬送時の公卿を確認すると、六十六人の公卿がおり、分母の公卿数自体が増えていることがわかる。少なくとも公卿総動員の葬列ではないのである。

その後の後水尾天皇の葬送でも近臣・素服人中心の供奉がなされており、葬送が「イエ」的儀礼であるという性格は、江戸時代に入ってもしばらく継続されていくのである。

八十七歳で崩御した昭和天皇以前、確証がある歴代天皇の最長寿であったのは後水尾《ごみずのお》天皇の八十五歳であった。その後水尾が大往生するのが、延宝八年である。この葬儀では、摂関家の左大臣近衛基熙《もとひろ》と右大臣一条冬経《ふゆつね》が供奉を競望する。

中世の視点から見ると、摂関家の供奉だけでも異例であるのに、摂関家のそれも現任大臣同士が供奉を競うのは、はなはだ異例である。

冬経の日記『兼輝公記《かねてるこうき》』（冬経は晩年兼輝に改名）によると、基熙が関東下向中であることと、父一条教輔《のりすけ》が後水尾猶子《ゆうし》であり自分は縁者であるとの理由から、葬送への供奉を希望した。教輔と後水尾の猶子関係が事実かは不明だが、教輔の父一条昭良《あきよし》は、後陽成皇子から一条家の養子となっており、後水尾の同母弟にあたる。摂関家であっても、縁戚関係であれば供奉に至るということであろう。

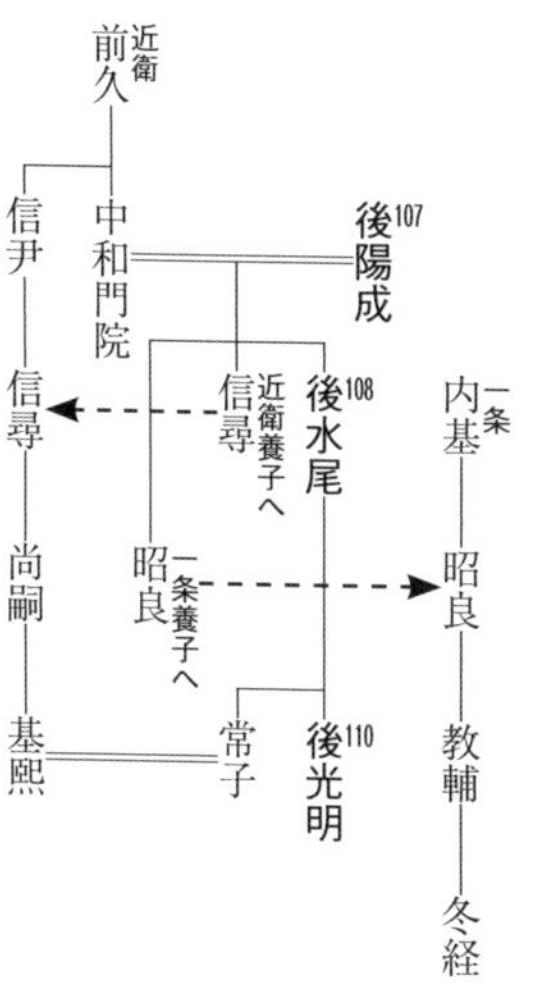

系図９　江戸初期天皇家関係系図

一方の近衛基熙も、祖父近衛信尋が後陽成皇子からの養子であり、父近衛尚嗣《ひさつぐ》が早世したため後水尾後見により六歳で近衛家当主となり、後水尾皇女昭《あき》子《こ》内親王を義母とし、後水尾皇女常子《つねこ》内親王を室としている。また、後水尾自身も母が近衛前子（後陽成妃・中和門院）であり、後水尾と近衛家は昵懇であった。ならば左右大臣そろって供奉すればよい話だが、冬経は、天皇葬には左右大臣の供奉例はあるが、上皇葬には左右大臣がそろって供奉することは禁忌と主張する。

しかし、近年は在位中に崩御しても院中礼（上皇葬）をもって葬礼を行うのが習わしとして、在位中崩御の事例は上皇葬と差がないことを述べ、在位中崩御の天皇葬への左右大臣供奉例を上皇葬にもあてはめることができると解釈した。この理論では、現任大臣が供奉すること自体は問題ではないことは注目すべきことである。

そして、冬経が述べる上皇葬への現任大臣供奉例は後円融葬における足利義満の供奉と考えられ、在位中崩御の天皇葬へ左右大臣供奉例は、先にあげた四条葬への良実・実経兄弟の供奉例であろう。

残念ながら、左右大臣による供奉は勅許が得られず、供奉人は後水尾院庁の素服人と後水尾御恩の衆中から選定され、冬経の願いとは裏腹に基熙は上洛し、基熙は御簾役と筆頭供奉を勤めた。冬経は後西《ごさい》天皇皇子の幸仁《ゆきひと》親王や、十一歳のため参列できなかった九条家の当主九条輔実《すけざね》とともに、内々に庭上でうかがい見るという形となったのである。

葬送が「イエ」的儀礼としての性格を近世においても有していることは確かである。現任大臣や摂関家が供奉する事例が増えてくるのは、近世に入り再び摂関家の外戚が増えたことと、天皇との昵懇関係が中世より密になっているからであろう。

たとえば、左大臣として後水尾葬に供奉した近衛基熙は、貞享《じょうきょう》二年（一六八五）の後西上皇の葬送にも左大臣として供奉しており、これも縁戚と昵懇関係によるものである。また、元禄《げんろく》九年（一六九六）に崩御した女帝明正《めいしょう》上皇の葬送にも、右大臣の近衛家熙《いえひろ》が供奉しているが、これも素服を賜ったことに由来している。

ちなみに、左右大臣供奉は寛延《かんえん》三年（一七五〇）の桜町《さくらまち》上皇の葬送における近衛内前《うちさき》（左大臣）・二条宗基《むねもと》（右大臣）の事例が見出せる。しかし、摂政・関白経験者の供奉については、葬礼の性格が変質した孝明《こうめい》天皇葬送における前関白近衛忠熙《ただひろ》のみである。

摂家の供奉については、行粧《ぎょうそう》の面からも考える必要があろう。家格により諸大夫《しょだいぶ》・布衣《ほい》・笠持《かさもち》といった御供の規模に相違があり、公家社会では家格に合った参列の仕方が求められるのである。家格が高く高位高官となれば、それだけ豪奢な行粧をしたためなくてはならず、その反面大きな出費となった。よって、摂家が供奉するようになった要因の一つとして、御供の調達状況が中世に比べ好転したことが考えられる。

中世の天皇葬の供奉事例で最も豪華だったのは、やはり後円融葬の足利義満である。義満は、中世では供奉公卿の御供が一人から四人と乏しい中、公卿・殿上人《てんじょうびと》をも含む十二人の御供を引き連れた他の追随を許さない参列をした。

近世における摂家の大臣の供奉では、後水尾葬の左大臣近衛基熙は、諸大夫三人・布衣二人・笠持・

沓持《くつもち》の御供という布陣で、他の公卿を凌駕している。やはり、大規模になった葬列は、近世天皇家葬送の性格の変質ではなく、御供の調達状況の経済的好転により、近習の参列率が上昇したからであろう。近世においても性格上は、素服人や御恩衆が供奉する「イエ」的儀礼に変わりなく、古代のような百官陪従の国家的大礼へ回帰したのではないのである。

また、在位中に崩御した天皇を「天皇葬」か「上皇葬」にするかについては、野村氏が、これまでの上北面《じょうほくめん》の武士（上皇の御所を守る警護の武士）が配される上皇御幸《みゆき》形式が、宝暦十二年に崩御した桃園《ももぞの》天皇以降、在位中に崩御した後桃園《ごももぞの》・仁孝《にんこう》・孝明天皇の葬送まで、滝口《たきぐち》の武士（内裏を守る警護の武士）が配される天皇行幸《ぎょうこう》形式へ変化していることにも言及している。

徳川将軍家と天皇葬送

江戸時代の武家棟梁《とうりょう》である徳川将軍家の天皇葬儀への対応はいかがであろうか。江戸時代最初の天皇葬儀である元和三年（一六一七）の後陽成葬では、将軍は二代徳川秀忠《ひでただ》であった。秀忠はちょうど伏見に滞在していて、供奉することは可能であり、事実、伏見にて葬儀の指揮を執っていた。しかし、差配はするものの、自ら葬儀に参列することはなく名代を立てた。天皇葬とは一線を画しているのである。

延宝八年（一六八〇）の後水尾葬でも、後陽成例に則り京都所司代《きょうとしょしだい》戸田忠昌《とだただまさ》を代官に立てた。後水尾の葬礼を記録した『後水尾《ごみずのお》天皇《てんのう》御葬礼《ごそうれい》幷《ならびに》御中陰記《ごちゅういんき》』によると、葬場殿に「武家座」が設置され「大樹《たいじゅ》御座」すなわち江戸幕府将軍の席としたとする。代官の忠昌はその席に座り、その他の参列者は畳が敷かれた平座であったという。一人だけ床几《しょうぎ》が用いられており、視覚的にも特別席である。

天皇葬送には、三代足利義満と八代足利義政の室町幕府将軍の参列例があり、この事例を継承しているとする先学もある。しかし、義満と義政はそれぞれ左大臣・前左大臣という「公家」として参列している。徳川将軍のように、「武家座」という特別招待的な参列手法を執っていない。義満・義政は「将軍」ではなく、「公家」として参列したのである。

徳川将軍家と足利将軍家の天皇葬儀への参列方法は別次元のものといえ、「武家座」は中世からの継承ではなく、近世からの「新儀」と性格付けられよう。

ちなみに、徳川将軍の天皇葬儀への供奉は、国家的大礼へと回帰した慶応二年（一八六六）の孝明天皇葬送への十五代徳川慶喜の事例のみである。慶喜は、京都守護職松平容保《かたもり》・京都所司代松平定《さだ》敬《あき》・老中板倉勝静《かつきよ》以下、在京の諸侯とともに参列した。この事例だけ取ってみても、天皇葬儀が大きく様変わりした様子がうかがえる。

土葬への転換

近年、現上皇が崩御の際に火葬へ変更する意向を示したことで注目されている天皇の埋葬方法だが、火葬が主流だったのは、葬送が「イエ」的儀礼へと転化した長元《ちょうげん》九年（一〇三六）の後一条《ごいちじょう》天皇の埋葬から、江戸初期の後陽成の埋葬までである。それが、再び土葬へと変更となるのが承応三年（一六五四）の後光明天皇の埋葬からである。

これだけの大転換であるのにかかわらず、実は、土葬への変更理由を示す明確な史料はない。よって、これまでさまざまな見解がなされている。土葬への変更理由の追及は江戸時代からすでになされており、後光明の事績をまとめた『正保遺事《しょうほういじ》』には、禁中に出入りしていた魚屋八兵衛の「儒教を厚く尊重していた天皇を火葬することは、天皇の遺志に反する不義不忠である」との進言から土葬に変更したという説が記されている。これまで頑なに継続されてきた天皇葬礼の作法が、魚屋の一言でひっくり返るとはとうてい考えられず、明らかに俗説であろう。

在位中に崩御した場合（天皇葬）は土葬だからと、古代的天皇葬への回帰を推す見解もある。たしかに、平安期は上皇葬なら火葬、天皇葬なら土葬と分けられていたが、後一条葬送以降、たとえ在位中に崩御しても一部の例外を除いては荼毘に付せられてきたことは、これまでさんざん本書では述べてきた。

後光明の代になってようやく、天皇のまま死ぬことが許されたという見方もあるが、葬儀の内容を見る限り上皇葬であり、古代への回帰とはいい切れない。現時点では、後光明の儒学嗜好による儒教の冠婚葬祭の儀式書である朱子家礼の影響が有力視されている。江戸幕府が儒学の朱子学を重視したことは、教科書などでよく知られている。江戸期の天皇もご多分に漏れず、儒学を嗜好した。

だが、後光明葬の内容を鑑みると、武田氏が指摘する、表向きは山頭《さんとう》（火葬場）で〝火葬の振り〟をする「形式的火葬儀」であり、「龕前堂《がんぜんどう》」（仏教式葬場）・「山頭」・「廟所《びょうしょ》」（埋葬）の三つの場所でそれぞれ仏教式の儀式にて行われる。

よって、仏教式葬儀が継承されている以上、一人の天皇の儒学嗜好により、これまで長い年月継承されてきた天皇葬儀が簡単に変えられるとは考えられない。あくまで仏教式葬礼の視点から、火葬と土葬の違いを探るべきであろう。そう考えると、分骨というキーワードが浮かんでくる。

後光明天皇画像　東京大学史料編纂所蔵模写

これまで述べてきた、後光厳流と崇光流の正統争いに端を発した、二つの「御寺」の仏事争いに話を戻す。戦国期から、葬儀は泉涌寺、中陰仏事は般舟三昧院という棲み分けは固定されてきたが、火葬後の遺骨に関しては、後光厳流色の強い深草法華堂《ふかくさほっけどう》と崇光流色の強い般舟三昧院《はんじゅざんまいいん》へと分骨されてきた。中には後花園天皇の遺骨を、伏見宮の近臣が強引に伏見へ持っていった事例もある。つまり、火葬という埋葬方法をとる限り、両「御寺」の遺骨をめぐる争いは引き分け続きなのである（どの部位の骨を取るかで多少の優劣の差はあるかもしれないが)。

しかし、土葬となると話が違ってくる。遺体を解体してまで埋葬場所を分けるような、恐れ多いことなどできるはずもない。土葬に変更された後光明の亡骸は、泉涌寺境内の月輪陵《つきのわのみささぎ》にのみ埋葬され、般舟三昧院は埋葬場所から外れることとなった。これにより泉涌寺は、土葬による埋葬地の統一により、天皇の「遺体独占権」を取得し、二つの「御寺」の格付けが決したのである。

般舟三昧院は、後光明葬の次に行われた後水尾葬にて、火葬に戻し深草法華堂への納骨を申し入れたが叶わなかった。般舟三昧院が深草法華堂への納骨を強調したのは建前で、真の狙いは当然、火葬さえしてしまえば当院へ分骨できるという論理であろう。

先行研究では、朱子家礼の影響とするものが根強いが、天皇家仏事の主催権争いの末の泉涌寺による「遺体独占」のため、という要因も的外れではなかろう。儒式の葬礼へ変更せず、いまだ寺家権門の主導により仏式葬礼を挙行する以上、二つの菩提寺の事情も顧慮すべきである。

大正時代に復活した殯儀礼

大山古墳に代表される巨大な古墳。国家をあげて、二年二ヶ月かけて葬られた天武天皇。古代大王の葬儀は、国をあげての一大イベントであった。それだけに、人々にかかる負担は大きく、平安時代にかけて薄葬化していった。また、中国の影響を受けた殯《もがり》儀礼を核とする独特の葬礼は、仏教の浸透とともに仏教色へと染められていった。

嵯峨《さが》天皇の薄葬志向以降、古代天皇葬に見られた大がかりな国家的大喪からの脱却が図られた。その完成が、延喜《えんぎ》・天暦《てんりゃく》の治でおなじみの醍醐《だいご》・村上《むらかみ》天皇の葬儀であり、この両天皇以降、例え在位中の崩御であっても〝死ぬことが許されない〟ようになった。上皇すなわち「ただ人」として、一部の近臣と縁者により葬られる「イエ」的儀礼へと転化するのである。薄葬傾向と仏教葬の浸透が相俟って、民衆に課して造営された山陵へ土葬をもって葬られる古代的天皇埋葬から、火葬にて陵寺・御堂へと納骨される中世的天皇埋葬へと移行する。

また、国家がまったく関与しなくなることはなく、一年間、国として喪に服す諒闇《りょうあん》や、数日間、音奏《おんそう》・警蹕《けいひつ》などを止め業務を停止する廃朝《はいちょう》、近江国逢坂《おうさか》・伊勢国鈴鹿《すずか》・美濃国不破《ふわ》の三関所を封鎖する固関《こげん》、天皇が錫紵《しゃくじょ》を着し喪に服す倚廬《いろ》儀などは、国政を運営する太政官弁官局によって、依然として催されていた。ただし、殯儀礼の名残である挙哀《きょあい》や百官素服《そふく》、山陵造営といった負担の大きな国政としての葬礼は削ぎ落とされた形で継承されていったのである。

中世では、天皇が崩御すると、在位中の崩御ならば「如在之儀《にょざいのぎ》」により建前上の生前譲位を成立させ、遺詔奏《いしょうそう》により任葬司《にんそうし》・素服・挙哀・国忌《こっき》・山陵造営・荷前《のさき》の停止を宣言する。そして、廃朝・倚廬・固関などの継続された国政としての葬礼を宣下し、寺家請負のもと葬送が行われる。これらの国政儀礼は「天皇家」が二分される両統迭立においても、崩御した者が登極経験者である限り、治天《ちてん》の君《きみ》（王家の家長）が別皇統であっても発せられる。これは、廃朝や固関などの国政の葬礼の場合は「イエ」的儀礼ではなく「国家」的儀礼だからである。廃朝は、天皇政務を停止することによって、天皇―太政官制の長として登極経験者の崩御への追悼を表し、固関も、もはや現実的な政治危機を防ぐためではなく、国家の重事の表現儀礼といえよう。ただし、天皇の喪服である錫紵を着す倚廬儀は、血脈関係が関わり、遠縁の場合は行わない事例があった。これは、血縁の確認儀礼であることを意味する。

中世後期になると、寺家請負制が定着する。葬儀は天皇家の菩提寺を意味する「御寺《みてら》」の号を得た泉涌寺《せんにゅうじ》、遺骨は深草法華堂《ふかくさほっけどう》、追善供養は安楽光院《あんらくこういん》という様式が確立された。足利将軍家が深く崇敬した五山を筆頭とする禅宗の影響は王家にもおよび、禅宗様の葬儀を行なった天皇も出てくる。しかし、足利将軍家の葬礼へも深く関与するようになったのに対し、正統《しょうとう》の天皇家の葬礼を完全なる禅宗色に染めるまでには至らなかった。

室町時代の天皇葬儀の特色の一つに、足利将軍家の家長の参列があげられる。三代足利義満は、異例の現任の左大臣としての供奉《ぐぶ》を行なった。八代足利義政は、大臣職をすでに退いていたものの、将軍へ扈従する昵近衆《じっきんしゅう》たちとともに供奉し、義政傘下の公家が供奉公卿の半数を占めるほどであった。しかし、武家の参列があっても、葬送の「イエ」的儀礼としての性格は変わらず、その性格は幕末まで保ち続けた。

戦国期にかけて、崇光流の正統としての地位を保つため、新たなる「御寺」の建立がなされた。それが、洛南の伏見に建立された般舟三昧院《はんじゅざんまいいん》である。般舟三昧院は、応仁の乱などで荒廃した泉涌寺や安楽光院を尻目に、着々と追善仏事の実績を積み上げ、「伏見御寺」としての地位を獲得した。その後、復興途上の泉涌寺と天皇葬礼の主導権を争うようになっていく。

江戸幕府が成立すると、朝廷をとりまく経済状況が好転する。そのため、身分にあった随身たちを伴い、高位高官の貴族の参列が目に付くようになる。中世ではまず供奉しなかった摂関家の供奉すら見られるようになった。しかし、それでも故人と昵懇な関係を持つ貴族に限られ、「イエ」的儀礼の性格は依然揺るがなかった。

経済が好転したのは寺院も同様で、寺観が整った泉涌寺と般舟三昧院の両輪による葬礼運営は継続された。江戸期に入っても火葬による埋葬は継続され、遺骨は両派閥へと分骨され続けた。しかし、後光明《ごこうみょう》天皇の葬儀において、仏教式の火葬の振りをするものの、実際は土葬が採用された。これにより分骨は不可能となり、天皇の遺体は泉涌寺が独占することとなった。

その後、幕末にかけて少しずつ古代天皇的葬礼が復活していく。天保《てんぽう》十一年（一八四〇）崩御の光格天皇葬では、薄葬化により宇多天皇から後桃園天皇に至るまで中絶していた先帝追贈の諡号《しごう》が復活する。その光格葬には近衛《このえ》・九条・二条・一条・鷹司《たかつかさ》の五摂家すべてが参列するというこれまでにない様相であった。ちなみに閑院宮《かんいんのみや》流出身の光格は、皇統交代により即位しており、現在の皇室の祖にあたる。現代の皇室は、皇統でいうならば閑院宮流「天皇家」にあたる。

そして、慶応《けいおう》二年（一八六六）に行われた孝明天皇の葬礼では、山陵が造営され正式に土葬が復活する。孝明葬には、前関白近衛忠熙《ただひろ》の他、江戸幕府十五代将軍徳川慶喜をはじめ、京都守護職、京都所司代、老中、在京の諸侯といった武家の上層部が参列し、文武百官総出で葬る、まさに国をあげての大喪の復活であった。

大正元年（一九一二）九月の明治天皇の葬礼では、仏教要素が排除され、殯《もがり》・挙哀《きょあい》・誄《しのびごと》をともなう神道式の殯儀礼が復活する。

大正になり、ようやく名実ともに天皇は再び〝死ぬこと〟が許されたのである。

あとがき

「タモリの姿もなく」「パンダなぜお休み?」「スキー場にどっと客」

平成元年(一九八九)二月二十四日の夕刊社会面から拾った見出しである。金曜日ではあったが、さすがに、この日ばかりは笑っていい日ではなく、動物園も臨時休園で、都内の厳戒態勢にうんざりした若者たちはスキー場へ押し寄せた。

崩御日ほどではないが、大喪礼当日もなんともいえない非日常性が漂っていた一日であった。多様性が尊重される現代において、国をあげての大喪は賛否の分かれるところであろうが、その日は、みな何かしら意識する日ではあったのだろう。反対の立場の方々も無視ということではなく、コメントを発表していた。日本において、天皇の葬儀とは特別なのである。

そのような体験が潜在的に作用したのか、小生の卒業論文はまさに本書と直結する室町時代の天皇葬送であった。劣等生であった小生の浅はかな考えで、題目は「室町時代の皇位継承」(小生の大学では五月に題目だけ提出するという制度であった)とし、本来は即位儀礼を中心に作文をする予定であった。もっというと、二十一年も延引したという後柏原天皇の即位礼の様相を中心に描くことを想定していた。

最初の卒論構想報告では、後柏原の践祚は後土御門天皇崩御によるものだから、後土御門の葬儀から始めることとした。ダメ大学生らしく、『古事類苑』から後土御門葬儀の記事を適当に抜き出してレジュメを作った。ところが、授業では地獄が待っていた。

指導教授の百瀬今朝雄先生は、劣等生であっても温情などをかけず、時間を忘れて畳み掛けて問い詰めてくる。今、指導する立場になってわかるが、どんな報告にも真摯に向き合う姿勢は見習わなければならない。

後土御門の葬儀だけピンポイントに取り上げて何が論じられるのか、史料の読みが稚拙すぎるなど、痛いところを突き刺してくる。たしかに、天皇葬儀の普遍性や古代からの継承性と断絶性、さらには、中世天皇葬儀の特色をまず論ずるのが筋であろう。仕方がないので、まずは室町時代の天皇の普遍性を探るべく、『国史大辞典』にて崩御日及び葬送日をメモし、『大日本史料』から当該日の葬儀記事を拾っていった。まだ、インターネットなんて普及していない時代である。

困ったのは、『大日本史料』の刊行されていない事例である。とくに活字化されていない『蔭戒記』と『和長卿記』にはまいった。観念して、『国書総目録』からありかを突き止め、事前申請の必要がない内閣文庫本に絞り、北の丸へ出向きちまちまとノートに書き写した。内閣文庫の写本は、むしろ楷書に近いくらい読みやすいのだが、古文書の授業を不真面目に受けていた小生にはまともに読めやしない。とにかく読めないところは崩しのまま写して、活字化されている他の史料と照らし合わせ、パズルゲームのように推測した。大学院生になって知ったことだが、『和長卿記』の葬儀記事は『続群書類従』にて活字化されていた。

そんなこんなで、即位礼の話がすっかり飛んでしまい、「室町時代の皇位継承」という題目の「室町時代の天皇葬送史」ができあがった。内容は、子どもの自由研究のようなものだが、現在の小生の研究でも残っている核論がある。それは、室町時代の天皇の葬儀が「イエ」的な葬儀であったという論旨である。卒論では「イエ」的なんていう学術用語を使ってはいなかったが、この核論は世紀をまたいで小生との長いつきあいである。まあ、今谷明氏の王権簒奪論に乗っかって、足利義満の後円融天皇葬儀への参列を王権簒奪の一事例と位置づけたのはご愛敬だが。とにかく、百瀬先生のおかげで、本書の源泉ともいえる卒論を書けたのだから感謝しかない。

さて、どうしても触れておきたいことがある。一昨年、小生の博士論文の指導教授であった上杉和彦先生が逝去された。夏にかけて体調が思わしくなく、小生は作り笑顔で先生と冗談などを交わしていたが、その弱々しいお姿に心の中はつらいものがあった。当時、小生の妻のお腹には娘を身ごもっており、先生は、今は医学が発達しているから心配しなくても大丈夫、とご自身の体調をよそに高齢出産となる妻を気に懸けていただいた。娘の誕生を墓前にしか報告できず無念である。

その後、同じ上杉ゼミの後輩にして戎光祥出版株式会社編集長の丸山裕之氏から、本書の執筆依頼をいただいた。先生の学恩に少しでも報いるために、小生は筆を取ることとした。相変わらずのちゃらんぽらんな弟子で申し訳ないが、本書を先生へと捧げたい。

最後に、この一年、今までの研究人生の中でなかなかの忙しさだった。自分では積極的に家事をやっているつもりだが、おそらくは妻には三人の子どもの世話を押しつけっぱなしの状況であろう。相変わらずの世渡りベタで不安定な身分だが、このポンコツを叱咤激励しつつ我慢強く支えてくれている妻に感謝したい。

二〇二〇年二月一一日

芝大門のやきとり屋にて　久水俊和

【主要参考資料・文献一覧】

参考映像

滝田洋二郎監督『おくりびと』おくりびと制作委員会、二〇〇八年
舛田利雄監督『社葬』東映京都撮影所、一九八九年
NHKニューススペシャル『昭和天皇大喪』NHKテレビ、一九八九年

参考文献

赤松俊秀監修・泉涌寺編『泉涌寺史　本文篇』法藏館、一九八四年
天野忠幸『増補版　戦国期三好政権の研究』清文堂出版、二〇一五年、初出二〇一〇年
飯倉晴武『地獄を二度も見た天皇　光厳院』吉川弘文館、二〇〇二年
石原比伊呂『室町時代の将軍家と天皇家』勉誠出版、二〇一五年
市沢　哲『日本中世公家政治史の研究』校倉書房、二〇一一年
稲田奈津子『日本古代の喪葬儀礼と律令制』吉川弘文館、二〇一五年
井上　亮『天皇と葬儀』新潮選書、二〇一三年
井原今朝男『日本中世の国政と家政』校倉書房、一九九五年
　『史実中世仏教2　葬送物忌と寺院金融・神仏抗争の実像』興山舎、二〇一三年
　『室町廷臣社会論』塙書房、二〇一四年
今谷　明『室町の王権』中央公論社、一九九〇年

上野勝之　『王朝貴族の葬送儀礼と仏事』臨川書店、二〇一七年
上野竹次郎編　『山陵』名著出版、新訂版、一九八九年、初出一九二五年
上島　享　『日本中世社会の形成と王権』名古屋大学出版、二〇一〇年
内田啓一　『後醍醐天皇と密教』法藏館、二〇一〇年
大石雅章　『日本中世社会と寺院』清文堂出版、二〇〇四年
大角　修　『天皇家のお葬式』講談社、二〇一七年
奥野高広　『皇室御経済史の研究　後編』（復刻版）国書刊行会、一九八二年、初出一九四四年
朧谷　寿　『平安王朝の葬送』思文閣出版、二〇一六年
勝田　至　『死者たちの中世』吉川弘文館、二〇〇三年
　　　　　『日本中世の墓と葬送』吉川弘文館、二〇〇六年
久保貴子　『近世の朝廷運営』岩田書院、一九九八年
黒田俊雄　『黒田俊雄著作集二　顕密体制論』法藏館、一九九四年
　　　　　『王法と仏法』法藏館、二〇〇一年、初出一九八三年
佐藤健治　『中世権門の成立と家政』吉川弘文館、二〇〇〇年
島津　毅　『日本古代中世の葬送と社会』吉川弘文館　二〇一七年
清水克行　『日本神判史』中央公論社、二〇一〇年
白根陽子　『女院領の中世的展開』同成社、二〇一八年、初出二〇〇五年
武田秀章　『維新期天皇祭祀の研究』大明堂、一九九六年

豊永聡美『中世の天皇と音楽』吉川弘文館、二〇〇六年
西山美香『武家政権と禅宗』笠間書院、二〇〇四年
野村　玄『日本近世国家の確立と天皇』清文堂出版、二〇〇六年
林屋辰三郎『内乱のなかの貴族』角川書店、一九九一年
原田正俊『日本中世の禅宗と社会』吉川弘文館、一九九八年
久水俊和『室町期の朝廷公事と公武関係』岩田書院、二〇一一年
兵藤裕己『後醍醐天皇』岩波書店、二〇一八年
藤田　覚『近世天皇論』清文堂出版、二〇一一年
松永和浩『室町期公武関係と南北朝内乱』吉川弘文館、二〇一三年
三島暁子『天皇・将軍・地下楽人の室町音楽史』思文閣出版、二〇一二年
村田正志『村田正志著作集１　増補南北朝史論』思文閣出版、一九八三年
『村田正志著作集２　続南北朝史論』思文閣出版、一九八三年
森　茂暁『増補・改訂　南北朝期公武関係史の研究』思文閣出版、二〇〇八年、初出一九八四年
山折哲雄『宗教民俗誌』人文書院、一九八四年
『死の民俗学』岩波書店、一九九〇年
米田雄介『歴代天皇の記録』続群書類従完成会、一九九二年
和田　萃『日本古代の儀礼と祭祀・信仰　上』塙書房、一九九五年
渡辺世祐『国史論叢』文雅堂書店、一九五六年

参考論文

明石治郎「後土御門天皇期における伝奏・近臣」（羽下徳彦編『中世の政治と宗教』吉川弘文館、一九九四年）
荒木敏夫「即位儀礼と葬送儀礼」（永原慶二ほか編『講座前近代の天皇』五、青木書店、一九九五年）
家永遵嗣「光厳上皇の皇位継承戦略と室町幕府」（桃崎有一郎・山田邦和編『室町政権の首府構想と京都』文理閣、二〇一六年）
井上正望「喪葬時の廃朝廃務からみた親族意識の変化」（『日本史研究』六八二、二〇一九年）
「「倚廬」再考」（『ヒストリア』二七六、二〇一九年）
井原今朝男「中世における触穢と精進法をめぐる天皇と民衆知」（『国立歴史民俗博物館研究報告』一五七、二〇一〇年）
馬田綾子「中世京都における寺院と民衆」（久留島典子・榎原雅治編『展望日本の歴史11　室町の社会』東京堂出版、二〇〇六年、初出一九八二年）
海老名尚「中世前期における国家的仏事の一考察」（『寺院史研究』三、一九九三年）
大塚紀弘「中世都市京都の律家」（『寺院史研究』一〇、二〇〇六年）
大塚未來「中世天皇家の葬送」（『国史学』二〇二、二〇一〇年）
岡田莊司「天皇喪葬の沿革」（『歴史手帖』一七―一二、一九八九年）
長田郁子「鎌倉期における皇統の変化と菩提を弔う行事」（明治大学大学院『文学研究論集』一五、二〇〇一年）
折口信夫「大嘗祭の本義」（岡田精司編『大嘗祭と新嘗』学生社、一九七九年、初出一九三〇年）
川上　貢「般舟三昧院について」（『日本建築学会論文報告集』六六、一九六〇年）

熊谷公男「古代王権とタマ（霊）」（『日本史研究』三〇八、一九八八）
久米邦武「太平記は史学に益なし」（松島榮一編『明治文学全集七八　明治史論集（二）』筑摩書房、一九七六年、初出一八九一年）
黒羽亮太「〈円成寺陵〉の歴史的位置」（『史林』九六―二、二〇一三年）
「平安時代の寺院と陵墓の関係史」（『日本史研究』六七六、二〇一八年）
小松　馨「後一条天皇の喪葬儀礼」（『歴史手帖』一七―二、一九八九年）
島津　毅「古代中世の葬送と天皇・上皇」（『新しい歴史学のために』二九四、二〇一九年）
末柄　豊「「十三絃道の御文書」のゆくえ」（『日本音楽史研究』八、二〇一二年）
瀬田勝哉「「鬮取」についての覚書」（武蔵大学『人文学会雑誌』一三―四、一九八二年）
相馬万里子「琵琶の時代から笙の時代へ」（『書陵部紀要』四九、一九九七年）
曽根原理「室町時代の御八講論義」（『南都仏教』七七、一九九九年）
瀧澤逸也「室町・戦国期の武家昵近公家衆」（『国史学』一六二、一九九七年）
田島　公「延喜・天暦の「聖代」観」（岩波講座『日本通史5』古代4、岩波書店、一九九五年）
谷川　愛「平安時代における天皇・太上天皇の喪葬儀礼」（『国史学』一六九、一九九九年）
田端泰子「将軍家と日野家・山科家」（『女性歴史文化研究所紀要』二四、二〇一六年）
徳永誓子「後鳥羽院怨霊と後嵯峨皇統」（『日本史研究』五一二、二〇〇五年）
西山良平「〈陵寺〉の誕生」（大山喬平教授退官記念会編『日本国家の史的特質 古代・中世』思文閣出版、一九九七年）
新田一郎「継承の論理」（岩波講座『天皇と王権を考える』2、岩波書店、二〇〇二年）

「「天皇家」の成立」（河内祥輔・新田一郎『天皇の歴史4　天皇と中世の武家』講談社学術文庫、二〇一八年、初出二〇一一年）
野村　玄　「江戸時代における天皇の葬法」（『明治聖徳記念学会紀要』復刻四四、二〇〇七年）
久水俊和　「中近世移行期から近世初期における天皇家葬礼の変遷」（『立正史学』一一六、二〇一四年）
「天皇家の追善仏事と皇統意識」（『国史学』二一七、二〇一五年）
「後醍醐天皇と山陵造営」（『季刊考古学』一五〇、二〇二〇年）
堀　裕　「天皇の死の歴史的位置」（『史林』八一―一、一九九八年）
「死へのまなざし」（『日本史研究』四三九、一九九九年）
「天武天皇殯儀礼の構造的研究」（仁藤敦史編『古代文学と隣接諸学3　古代王権の史実と虚構』竹林舎、二〇一九年）
前嶋　敏　「中世の葬送儀礼における遺体の移送について」（中央大学大学院『論究』文学研究科篇二九―一、一九九七年）
的場匠平　「「密葬」の誕生」（『史学雑誌』一二三―九、二〇一四年）
松岡心平　「足利義持と観音懺法そして「朝長」」（東京大学教養学部『人文科学科紀要』九四、一九九一年）
村井康彦　「京の天皇陵」（上村貞郎・芳賀徹代表著者『古寺巡礼京都27　泉涌寺』淡交社、二〇〇八年）
百瀬今朝雄　「将軍と廷臣」（『週刊朝日百科13　日本の歴史』中世Ⅱ、朝日新聞社、二〇〇二年、初出一九八六年）
八木聖弥　「室町初期の怨霊思想」（『文化史学』四九、一九九三年）
山田邦和　「淳和・嵯峨両天皇の薄葬」（『花園史学』二〇、一九九九年）

【著者略歴】

久水俊和（ひさみず・としかず）

1973年生まれ。現在、明治大学文学部助教。

主な著書・学術論文に、『室町期の朝廷公事と公武関係』（岩田書院、2011年）、『室町・戦国天皇列伝』（共編著。戎光祥出版、2020年）、「中世天皇制と仏事・祭祀」（『歴史評論』836、2019年）、「後醍醐天皇と山陵造営」（『季刊考古学』150、2020年）などがある。

戎光祥選書ソレイユ007

中世天皇葬礼史《ちゅうせいてんのうそうれいし》――許《ゆる》されなかった〝死《し》〟

2020年4月20日　初版初刷発行

著　者　久水俊和

発行者　伊藤光祥

発行所　戎光祥出版株式会社

〒102-0083 東京都千代田区麹町1-7 相互半蔵門ビル8F

TEL：03-5275-3361（代表）　FAX：03-5275-3365

https://www.ebisukosyo.co.jp

編集協力　株式会社イズシエ・コーポレーション

印刷・製本　モリモト印刷株式会社

装　　丁　堀　立明

ISBN：978-4-86403-352-7